竹之内の失敗

挫折・絶望・逆境を
乗り越える、
「ユダヤファミリーの教え」

りらくる創業者・愛に目覚めた男
竹之内教博

F
フローラル出版

僕が欲しいのは「お金」だと思っていた
でも、本当に必要なのは「愛」だった

はじめに

大切なのは「数字」と「仕組み」だと思っていた

この本を開いてくださったあなたに質問です。

もし、100億円以上のお金があったら幸せでしょうか？
もし、SNSのフォロワーが100万人いたら、幸せでしょうか？
もし、有名YouTubeチャンネルで人気者になったら、幸せでしょうか？

僕はその答えを、この本に書きました。

はじめまして。竹之内教博（たけのうち・ゆきひろ）と申します。

僕は大学中退後、美容師を務め、その後に「全身もみほぐし」というキャッチフレーズで知られるリラクゼーションサロン「りらくる」を創業しました。そして7年間で直営600店舗を全国に展開し、外資系大手ファンドに株式を売却して100億円以上のお金を手にいれました。

その後はビジネスプロデューサーとして活動しながら、チャンネル登録者数100万人を超えるYouTubeチャンネル『令和の虎』に出演。自身のYouTubeチャンネル『竹之内社長の【波乱万丈】』も30万人以上がチャンネル登録してくれています。

ちなみに、手がけてきたビジネスは次に挙げる通りです。

☆コッペパン専門店
☆タピオカ専門店
☆韓国にて高級食パン専門店（50店舗）
☆有料職業紹介所（派遣会社）
☆化粧品、サプリメントの通信販売
☆リラクゼーションサロン4店舗

☆出張マッサージ事業
☆経営コンサル事業
☆キャバクラ5店舗
☆クラブ（大阪ジラフ）1店舗
☆子供向け室内遊園地10店舗
☆セラピストマッチングアプリ「ホググ」の開発・販売
☆マニュアルクラウド管理アプリ「Sillulu」の開発・販売
☆レンタルルーム事業5店舗
☆ハウスクリーニング事業
☆まつげエクステ事業
☆セルフ脱毛事業
☆メンズアイブロウ専門店
☆食肉専用抗菌スプレーの開発と販売
☆事業拡大支援事業
☆アパレル事業
☆教育産業

☆医療関連事業

……と自己紹介させていただきましたが、本書のテーマはズバリ、僕の「失敗」。そして、そこからの「学び」の歴史です。YouTubeで僕のことを知っている方はご存知の通り、僕はこれまでSNSでたびたび炎上し、盛大な失敗をやらかしてきました。

ビジネスにおいても、さまざまな想定外があり、何度もピンチに陥ってきました。そこから僕が学んできたこと、そして僕の師匠から教えてもらったことを、本書では皆さんにお伝えしたいと思っています。

ビジネスは「数字」と「仕組み」がすべてという、冷たい「ビジネスマシーン」だった僕の失敗談を笑っていただきながら、人生にとって本当に大切なものが何かをお伝えできたらな……と思っています。

なお、基本的には事実ベースですが、関係各位のご迷惑にならないよう、ごく一部だけ、フィクションを入れています。本書が少しでも皆さんの豊かで幸せな人生の役に立つものでありますよう、心から願っています。

竹之内の失敗

CONTENTS

CONTENTS

第1章 仕事とは、お金とは、何か
―修業時代の失敗と学び―

第2章 組織とは、数字とは、何か
―経営者としての失敗と学び―

CONTENTS

第3章

成功とは、幸せとは、何か
―ビジネスプロデューサーとしての失敗と学び―

CONTENTS

第4章

名声とは、嘘とは、何か
―『令和の虎』と「ガーシーさん事件」からの学び―

CONTENTS

第5章 本当の幸せとは、何か
―新しい学びと再生の始まり―

CONTENTS

カバーデザイン　阿部早紀子
構成　関 和幸
本文デザイン・DTP　辻井知（SOMEHOW）

プロローグ

師匠との出会い

相手の期待以上の結果を出すには

僕には20歳のときから師匠がいる。

その人は恥ずかしがり屋なので、本に名前が載るのは嫌がるだろう。だから、名前ではなく「師匠」と書かせてもらうことにする。

師匠との出会いは、僕が20歳の冬のことだった。僕は大学を3ヶ月で中退し、美容師学校に通っていた。大学は退屈でお金を稼げそうになく、手に職をつけた方がお金持ちになれると思ったからだ。

ある日、師匠は特別講師として美容師学校にやってきた。なんでも全国に100店舗以上ある、美容院チェーンの経営者ということだった。それ以外にも、たくさんのビジネスのオーナーをしているらしかった。

師匠は一見、ごく普通の人に見えた。派手な服装でもなく、ギラギラした時計やアクセサリーをこれ見よがしに着けているわけでもなく。講師として話しているときも、しょうもないダジャレやギャグを飛ばし、盛大にスベって頭をかいていた。

講演が終わったあと、僕は偶然、駐車場で帰ろうとしている師匠を見かけた。そこには運転手つきの途方もなく豪華で大きな車が停められていた。師匠が近づくと、うやうやしく運転手がドアを開ける。そこに滑り込もうとする師匠に、僕は思わず声をかけた。

「す、すみません！　どうやったら……お金持ちになれるんですか⁉」

師匠は僕を見て、ちょっと驚いたような顔をした。

「こういう講演会ではたくさん質問を受けるけれど、終わった後に直接、私のところまで来てくれる人は珍しいね。君の名前は？」

「竹之内教博です！」

僕はできるだけハッキリと、元気よく答えた。師匠は僕の顔をじっと見つめ、やがてニッコリと微笑んだ。

「……ある教えに『**積極的な人はすべてを手に入れ、消極的な人には何も残らない**』というものがあるんだ。君はそのことをすでに実践できている。ＯＫ、車に乗るといいよ」

東京都内とは思えないほど大きな森の中に、師匠の屋敷はあった。立派な応接室に通されると、ハウスキーパーらしき人が紅茶を出してくれた。

美術館でしか見たことがないような、大きな絵や彫刻があちこちに飾られている。落ち着かない気持ちでキョロキョロしていると、ゆったりとした普段着に着替えた師匠が来てくれた。

「さて。タケちゃんはお金持ちになる方法を知りたいんだよね？」

僕がうなずくと、師匠は重々しくこう言った。

「来月、私の誕生日パーティーがあるんだ。その企画をお願いしていいかな？」

僕は意表をつかれた。お金持ちになる方法を聞いたのに、誕生日パーティーの企画を頼まれたからだ。

でもまあ、お金持ちになる方法を聞くためには、まず師匠の役に立たなければならないのだろう。

「わかりました」

僕は頭の中で料理の手配や、パーティーを盛り上げるイベントについて考え始めた。

それにしても、正直なところ面倒くさい。さっさとお金持ちになる方法を教えて欲しいのに……。

眉間にシワを寄せ、黙って考え込んでいた僕に師匠は声をかけた。

「企画を出すのは『いつまでに』か、聞かなくてもいい？」

「あ、そうですね。いつまでですか？」

師匠は1週間後までに頼むよ、と言った。

「パーティーの『時間』はどれくらいか、聞かなくてもいいの？」

「ああ……。どれくらいですか？」

師匠は19時から2時間半くらいで、と言った。

「私の『家族構成』やパーティーの『参加人数』は聞かなくてもいいのかな？」

師匠の質問攻めに、僕はちょっと腹が立ってきた。

「どうして、そんな情報が必要なんですか？」

すると、師匠は表情を少し真剣なものにした。

「タケちゃん、君はパーティーの企画を嫌々やっているだろう？

相手の期待以上の結果を出そうとしているかな？

言われたことを、ただ、やろうとしていないかい？」

「残念だけど、その姿勢ではお金は集まらないし、何を学んでもお金持ちにはなれないよ」

僕はハッとした。

もう、「お金持ちになる方法」のレッスンは始まっていたのだ。

あわててメモを取り出し、師匠に質問を始めた。

「パーティーの日時」
「パーティーの場所」
「パーティー企画の提出期限」
「師匠の家族構成」
「師匠や師匠の家族の好み・苦手」
「パーティーに参加する人たちと師匠の関係性」……

パーティーで師匠の期待以上の結果を出す、という視点を持った瞬間、聞くべきことが山のようにあることに僕は気がついた。

師匠や師匠の家族、**パーティーに参加する人たちのことを知らなければ、その人たちを喜ばすことはできない。**僕は夢中でメモを取り続けた。

それから僕は師匠の家に準備のため何度も通い、無事に誕生日パーティーは終わった。参加してくれた人も喜んでくれたようで、僕はホッとした。

師匠もニコニコしながら、握手してくれた。

「タケちゃんは人を喜ばすセンスがあるね！　これからも困ったこと、聞きたいことがあったらいつでも遊びにおいでよ」

これが師匠と僕との出会いだった。

第1章

仕事とは、お金とは、何か

―修業時代の失敗と学び―

店長よりも店長らしい人になる

師匠と出会ってから3ヶ月が過ぎた。春になって美容師学校を卒業した僕は、自宅近くの美容院に就職していた。

多くの人も知っている通り、入店したばかりの美容師見習いはお客様の髪を切らせてもらえない。店の掃除と道具の片づけ、お客様のシャンプーという日々が繰り返される。

入店して1ヶ月、すでに僕は退屈しきっていた。

そんなとき、師匠から久しぶりに電話がかかってきた。

「タケちゃん、調子はどう?」

僕は師匠にグチをこぼした。師匠は楽しそうに話を聞いてくれたあと、こう言った。

「タケちゃんはとても頑張っているね。そんなタケちゃんに一つ、いいことを教えてあげよう。**明日から常に『店長よりも店長らしい行動』をしてみるんだ。**タケちゃんのお店の店長さんをよく観察して、いかにもその人らしくね。チャンスがあれば、その人がやっている仕事を買って出るといいよ」

僕は何を言われているのか、よくわからなかった。入店して1ヶ月の新人が、店長らしく振る舞う？　しかし、とにかく師匠の言う通りにやってみることにした。

それから、僕は店長のやっていることを真似することにした。たとえば、店長はお客様によく髪型の相談をされている。その受け答えに耳をすませ、店長と同じレベルに近づくため、お客様の個性（髪質・肌質・髪の色・瞳の色・肌の色・顔の輪郭・全身の骨格・ファッションなど）にあった髪型を紹介するのに必要な猛勉強を始めた。

そしてあるとき、お客様のシャンプーをしながら髪型について提案をしてみた。すると、シャンプーを終えたお客様が興味を持ってくれ、その通りに別のスタイリストに髪型を指定してくれたのだ。

これを繰り返すうち、たくさんのお客様がシャンプーをしている最中に髪型の相談をしてくれるようになった。そして「竹之内君に髪を切って欲しい」という声に後押しされて、あっという間に見習いを卒業してスタイリストになることができたのだ。

スタイリストになってからも、僕は「店長っぽく振る舞う」ということを続けた。一スタッフに過ぎないのに閉店後のレジ締めを買って出たり、店内ミーティングの司会役をやらせてもらったりもした。とにかくそういった「店長がやっている仕事」を担当し、店長らしい態度で接客するようにしていた。

その結果、入店してからわずか一年後。店長が妊娠して退職することになったとき、僕はオーナーから店長に指名された。びっくりした僕は、さっそく師匠に電話してお礼を言った。

「師匠の教えどおりに店長らしく振る舞ってたら、店長になっちゃいました」

師匠は電話口でうれしそうに笑った。

「さすがタケちゃん！　そう、**店長になりたければ、店長に『なる前』から店長らしく振る舞うのがコツ**なんだよ。

これを**IDをインストール**するって言うんだけどね」

師匠によれば、「ID」とは「アイデンティティー」のこと。簡単に言えば、「自分は何者なのか」という「自己認識」だ。

「『自分が店長である』という**『ID』を持つと、人間は自然にそれにふさわしい行動を取るようになる。**同時に、周囲の人もそういうふうにタケちゃんのことを見るようになるんだよ。とにかく、店長就任おめでとう！」

師匠に祝ってもらい、僕は有頂天になった。だが、このときの僕はまだ知らなかった。店長になってからブチ当たる、大きな壁が存在することを……。

IDをインストールするとは？

僕が最初に働き始めた美容院時代は、朝から晩まで1年中、我ながらよく働いていました。

体力には自信がありましたが、朝4時に起きて、寝るのが0時過ぎというのが普通でしたからね……よく倒れなかったものです。若さってスゴい！

さて、このときに師匠から学んだのが「**店長よりも店長らしい行動**」を取るということでした。

最初はやる気のなかった僕が変われたのは、まさにこの言葉のおかげです。だって店長らしい行動を取るためには、普段からビシッと店長らしくしていなければなりませんし、技術もお店で一番でなければなりません。また、お客さんにも信頼され、髪や美容のことにも超詳しい必要があります。

おかげで寝る間も惜しんでカットの練習をし、髪や美容用品の勉強もめちゃくちゃできたし、お客様やお店の他のスタッフにも常に余裕たっぷりという態度で接することができました。

さらに、**店長になった人の行動というのは、当たり前ですが店長になれる行動なわけです。**

言い換えれば、美容師として成功している人は、こういうふうに行動する、と考えればいいでしょう。

美容師として成功していない人、もしくは自分が勝手に「こういう行動をすれば美容師としてイケてるのでは？」という妄想した行動ではなく、店長になれたというお墨付きの行動を真似することが、店長になるための、美容師として成功するための最短ルートだった、というわけですね。

この考え方は、のちのマッサージ店「りらくる」を展開するときにも大いに役立ちました。

りらくるは創業当時、めちゃくちゃ流行っていた同業のマッサージ店のいいところを徹底的に研究し、看板から接客、価格帯やお店の立地場所まで、同じようにやっていたのです。

その結果、同じように成功し、その後も徹底的にそのスタイルを守ることでわずか7年で全国に600店舗を展開することができました。

失敗から学んだこと

- ✓ **成長したければ、自分より優れた人の真似をしよう**
- ✓ **「目標にする人」を徹底的に模倣して、その人以上にその人らしくなろう**

人が買っているのはモノではなく「感情」

「竹之内、お前の店だけ全然売れてないぞ」

その日、僕はオーナーにゲキ詰めされていた。今どきの美容院なら若手に説教なんてしたらすぐに辞められてしまうだろうが、僕が20代の頃の美容院はめちゃくちゃ「昭和のノリ」だった（平成だったけど）。

「とにかく今の10倍売れ。さもなきゃ店長はクビだ」

僕は黙って頭を下げ、オーナーを見送った。オーナーが店を出ていった後、僕は問題の商品を見つめた。うちの美容室チェーンで開発したオリジナルシャンプーとリンスのセット。これが僕の店だけ全然売れていないのだ。

来店されたお客様には、僕も含めてスタッフ全員が接客の際におすすめしている。ミラーの前にもポップ付きで紹介しているし、レジ前にも置いている。これ以上、どうしろって言うんだ……途方にくれた僕は、ふと思いついて師匠を訪ねてみることにした。

「タケちゃん、よく来たね！」

いつものように温かく迎えてくれた師匠は、僕を親友のように抱きしめてくれた。そして悩みを打ち明けると、ニッコリ笑ってこう言った。

「なるほど。タケちゃんはとても努力しているね。だけど、**シャンプーを売ろうとしてもお客様は買ってくれないよ**」

僕は混乱した。

シャンプーを売りたいのに、シャンプーを売ってはいけないだって？　そんな僕の顔がよほどおかしかったのだろう。師匠は笑いをこらえながら話を続けた。

「**人間はね、商品ではなく『感情』を買っている**のさ。たとえば、誰かが『高級レストラン』に行くのはなぜだと思う？　単にお腹を満たしたいだけなら、牛丼屋さんに行っても同じことだよね。それなのに何倍ものお金を払って高級なお店に行くのは、そこで『うれしい』『楽しい』『誇らしい』といった感情を味わうためなんだよ」

「だからタケちゃんも、シャンプーやリンスの機能を説明するんじゃなくて、その商品を使ったときに得られる『感情』を説明しなくちゃいけない。それがお客様の感情にフィットしたとき、商品は売れるんだよ」

「僕はダイヤモンドを売っているから、よく知っているんだ。ダイヤモンドは『ただの光る石ころ』ではなく、『愛されている』という感情を得るためのものなのさ」

僕は師匠にお礼を言い、翌日さっそく実践してみた。注目したのは、「お客様がシャンプーを使う前の感情」と、「使った後の感情」だ。たとえば、クセ毛のAさんにはこんなふうに伝えてみた。

「Aさん……朝、髪をセットするときに髪が絡んでイライラしませんか？」

「するする！　もー、この忙しいのに、って」

「このシャンプーとリンスのセットを使うと、髪がサラサラになりますよ。僕も最近使ってるんですが、朝からめっちゃ気分いいです」

「そーなの？　じゃ、試してみようかな」

「お買い上げ、ありがとうございます！」

また、枝毛が多いBさんには、こんなふうに伝えてみた。

「Bさん……デート前に枝毛を見つけて『ヤバっ！』って思ったことありませんか？」

「あるある！　ホント、萎えるよね……」

「このシャンプーとリンスのセットを使うと、枝毛がなくなりますよ。僕も使ってるんですが、枝毛がなくなってテンション爆上がりです」

「そーなの？　じゃ、試してみようかな」

「お買い上げ、ありがとうございます！」

お客様の「感情」に注目してから、見違えるくらいシャンプーセットは売れるようになった。こうして、僕はシャンプーとリンスのセットを売りまくり、あっという間にオーナーに言われた売上ノルマをクリアすることができた。

しかし、このことに気をよくして間も無く、今度はスタッフたちから衝撃的な一言をもらってしまうのだ……。

感情を売るのはビジネスの基本

「人は感情を買っている」

これはもう、あらゆる商売をやっている人が心に刻むべき「基本のキ」です。逆に**この言葉を忘れると、どんなに商売の経験が豊富でも失敗します。**

僕も最近、とある商売でこの「基本のキ」を忘れて失敗しました（第3章「人は感情を買う」という真実からアイデアを生む、に詳しく書いています）。

この「お客様は感情を買っている」という話を、僕が創業した「りらくる」を例にもう少し詳しく解説しましょう。

実はりらくるが売っていたのも、「マッサージ」というサービスではなく、「気持ちいい」という感情でした。

つまり、「マッサージによって身体の不調を治療する」のが目的ではなく、あくまで60分間、お客様に「気持ちいい」という感情を味わってもらうことを目指していたのですね。

だから、普通の整体院では「肩がこっている」と言われたら、「肩こり」の原因が腕の疲れにあると診断して、「腕」を揉んだりします。

ところが、これを「りらくる」でやるとお客様からクレームがきます。「肩がこってるんだから、肩を揉んでくれ」と。

だから私は、現場のスタッフに「肩がこっているというお客様は肩を揉みましょう」「腰がつらいというお客様は腰を揉みましょう」と指導していました（整体師の経験があるスタッフには猛反対されましたが……）。

このような施術は肩や腰のコリを治療できませんが、お客様は「気持ちいい」のでこちらの方が満足度が高くなるのです。こうして、りらくるはどんどん店舗数を拡大することができたのでした。

失敗から学んだこと

- **私たちが売っているのは、「モノ」や「サービス」ではない。**
- **「モノ」や「サービス」の提供を通じて、得られる感情に注目しよう**

「否定」から話を始めがちな私たち

入店からわずか1年、23歳で店長になった僕は気合いが入りまくっていた。誰よりも早くお店に来て、誰よりも遅く店から帰る。そして自分の店をオーナーの美容室チェーンでトップの売上にすることを目指し、スタッフにバリバリいろいろなことを教えて、いい美容室を作るんだと意気込んでいた。

美容室のオリジナルシャンプー・リンスのセットを売るキャンペーンのときも、売れなかった人にどうやっているのか聞き、「それじゃダメだよ」「もっとこうしなきゃ！」と厳しく指導していた。

けれども、美容室のスタッフは誰も僕の言った通りにやってくれる気配がなかった。それどころか、ある日のスタッフ会議では面と向かってこう言われたのだ。

「だから竹之内さん、嫌われるんですよ！」

僕は正直、それまで自分のことを「いい店長」だと思っていた。誰よりも働いているし、自分の時間を割いてスタッフを指導しているし、むしろ尊敬されているんじゃないか、くらいに思っていた。

ところが、そうではなかった。ショックのあまり、その後の会議でどんな話をしたかよく覚えていない。一生懸命に教えてあげて、ダメな部分をダメと言っているだけなのに……と、スタッフたちに腹が立って仕方がなかった。気がつくと夜になっており、僕は師匠に会いに行っていた。

店で起きたことをぶちまける僕に、師匠はこう言ってくれた。

「店長として、すごく頑張っているね。さすがタケちゃんだ」

「ただ、一つだけ言わせてもらうと……**人は正しいことを言われても、最初に否定されると聞く耳を持ってくれない**んだ」

僕はその言葉の意味がよくわからず、キョトンとしてしまった。その様子を見て、師匠はこう続けた。

「もし、さっき私が君の話を聞いたあと、いきなり『タケちゃん、それじゃダメだよ』と言ったら、どう感じたと思う？」

想像してみて、僕も理解できた。最初に否定されていたら、たとえ師匠の言葉でもムッとして、その後の話を素直に聞けなかっただろう。

「この会話の技術を**『プリフレーム』**と言うんだよ。相手の反感を買いそうなことを言う前には、必ず『相手の心を開かせる言葉』や『自分が相手の気持ちを理解していることを伝える言葉』を前置きにするんだ。そうすると、人は素直に君の言葉に耳を傾けてくれるよ」

僕は師匠の話を聞いて、さっそく店のスタッフたちへの接し方を変えてみた。ダメ出しをする前に、無理にでも相手のいいところをほめるようにしたのだ。また、僕にとってはできて当たり前のことでも、その人にとってはよくやっている、と言えることは全部ほめるようにした。

すると、たちまちスタッフは僕の指導を受け入れてくれるようになった。さらに「竹之内さん、変わりましたね」と言われ、今までみんなイヤイヤ参加していたスタッフ会議でも活発に発言してくれるようになったのだ。

そして気がつくと、僕の店の売上はオーナーの美容室チェーンの中でトップに立っていた……。

プリフレームでメッセージはより伝わりやすくなる

「話を否定から入らない」「スタッフにダメ出しするときは、まずほめてから」という会話のコツは、僕も結構忘れてしまいがちです。

経営者や店長といった立場の人は使命感を持っているので、自分がやらねばならないことを、できるようにするのは当然だと思っています。

しかし、社員やスタッフの人たちはそうではありません。**できていることを少しで**

もほめ、その上で指導しなければ聞く耳を持ってくれないのです。

これは僕がやっている経営コンサルティングや講演会、ＹｏｕＴｕｂｅ番組でも同じです。僕のトークのスタイルは、基本的に「こうするのが正しい」「それは間違っている」ということを淡々と話すものでした。

そうすると「竹之内さんは冷たすぎる」「怖い」という印象を与え、特に女性からの支持が少なかったのです。僕は必要なことなのだから、当然ストレートに伝えるべきだと思っていましたが、そういうスタイルに嫌悪感を持つ人は大勢いました。

しかし、「**相手のことを理解しているよ」というメッセージを前置きにすると、相手の受け取り方はガラリと変わります。**

たとえば、お金の話をするときに、「お金がすべてではないけれども……」と言ってからにすると、「お金より大切なものがある」と思っている人にもすんなり受け入れてもらえます。これが師匠の言っていた、「プリフレーム」というやつですね。

「否定から入らない」というのも大切で、人間関係がこじれるのは、たいてい「気づかないうちに相手を否定しているとき」です。

たとえば、家でパートナーが片づけをしてくれないとき。「休みの日にゴロゴロしてないで、片づけしてくれない？」などと言っていませんか？　この「休みの日にゴロゴロしてないで」という言葉は、「あなたは休みの日にゴロゴロしているダメ人間だ」という否定になってしまっています。だから相手は、あなたのお願いを聞いてくれないのです。

かわりにこう言ってみましょう。「疲れているだろうから休んでほしい。ただ、これだけ片づけて」。このように、「否定するところから会話を始める」のをやめると、すんなり相手は動いてくれます。ぜひ、試してみてくださいね。

失敗から学んだこと

- ✓ **相手に何かを伝えるときは、まず「肯定」から入ろう**
- ✓ **私たちは気づかないうちに「相手を否定する言葉」を使ってしまいがち**

誰かの悩みはあなたのチャンス

僕が店長をしていたお店の売上が美容室チェーン全体でトップになったとき、オーナーに相談を受けた。

現在のお店の店長を続けながら、残り9店舗の教育担当になってほしいということだった。正直、自分の店の店長をやるだけでも相当な負担だったけれど、僕は師匠の言葉を思い出して引き受けることにした。以前、師匠がこんな話をしてくれたことがあったのだ。

「タケちゃん。**『人がお金を払う三原則』というのを教えてあげよう。**実は、人がお金を払う理由は次の3つのパターンしかないんだ。それは

1．相手がほしいものを提供する
2．相手ができないことを提供する
3．相手はできるが面倒でやりたくないことを提供する

の3つだよ」

僕はオーナーの話を聞いたとき、これは「3．相手はできるが面倒でやりたくないことを提供する」のパターンだと気づいた。これまでスタッフの教育は、オーナーがやっていたからだ。そして、スタッフ教育では時には言いづらいことも言わなければならない。「こんなことを言ったら嫌われるんじゃないかな……」と思いながら伝えるのは、オーナーにとってもストレスだったのだ。

そんなオーナーのやりたくないことを僕がやれば、きっとオーナーに感謝されるだろう。だから、「これは自分にとって大きなチャンスだ！」と考えることにした。

こうして、僕はチェーン全店舗の教育担当を引き受けた。さらに各店の店長が集まる店長会議でも、オーナーが言いづらいことを代わりに言うようにした。いわば、あえてオーナーに代わって「嫌われ役」を引き受けたのだ。

たとえば、お客様1人あたりの単価を上げ、かつお客様1人あたりにかける時間を減らすこと。なるべく時間をかけて丁寧に仕事をしたい職人気質の人が多い美容師には反発される内容だけれど、お店として利益をアップさせていくにはどうしても必要なことだ。

このような話をオーナーに代わって丁寧に説明し、説得を続けていくうちに、チェーン店全体で客単価が上がり始めた。同時に、スタッフみんなの作業スピードに対する意識も少しずつ変わり始めた。

この結果にオーナーはとても感謝してくれた。特に給料が増えたりはしなかったけれど、それよりもっと「すごいもの」をのちに僕は得ることができたのだ……。

竹之内の解説

みんながやりたがらない仕事にお金は集まる

師匠が教えてくれた「人がお金を払う三原則」……これはぜひ覚えておいて損はありません。実際、**僕たちの身の回りにあるさまざまな商品・サービスは、いずれもこ**

の三原則のどれかに当てはまっています。

たとえば、「1．相手がほしいものを提供する」というのは食料品から高級品まで、あらゆる販売業に当てはまります。

そして、「2．相手ができないことを提供する」も家の建築から医療まで、さまざまなサービスが該当します。

最後の「3．相手はできるが面倒でやりたくないことを提供する」は、家事代行サービスやネット通販などが挙げられます。

さて、この**三原則から導かれるのが、「みんながやりたがらないこと」を率先して引き受ける人にお金が集まるという法則。**

言い換えれば、誰かの問題を解決できるとお金がもらえ、周りの人からもどんどん頼られるようになるということですね。これは「経営者」や「リーダー」と呼ばれる人が必ず持っている性質でもあります。

実は小学生の頃、僕は自分にとってトクなことしかしないちょっとイヤな子どもでした。たとえば学級委員のような面倒くさいことを引き受けたら損だ、と考えていたのです。面倒なことをやるのは時間がもったいない、その分勉強して、いい学校に入って偉くなろう……と思っていました。

無事に合格した私立中学校でサッカー部を見学し、顧問の先生に勧誘されたときも「勉強に集中したいので……」と答えたくらいです。


ところが、そのときこう言われたのです。

「勉強ができるやつは文武両道だ。どうせやるんだったら、キャプテンになるつもりでやりなさい。人が面倒に思うことをやれない人間は、将来偉くはなれないぞ」と。

この言葉を聞いて僕はサッカー部に入部し、最終的にキャプテンにまでなりました。1日7時間の授業を受け、15時から18時までサッカー部の練習。帰宅は20時で、ご飯やお風呂を済ませてから深夜まで勉強するという毎日でした。


キャプテンという仕事は面倒なことも多かったのですが、周囲からも頼られ、とてもやりがいのある日々を送ることができました。同時に、なぜか勉強の成績も伸びたのです。単純な損得勘定を捨てて、人のやりたがらないことをやった方が人間は意外と力を発揮できるもののようです。

この経験から、**僕は誰かに「悩んでいる」と言われたら「チャンスだ！」と感じるようになりました。**そして、自分から相手の悩みを解決する行動をとる習慣を身につけたのです。だからこそ、美容師時代に師匠の言葉を聞いたとき、すんなりと納得できたのでしょう。

この習慣は現在も私のクセのようなものになっており、経営コンサルや教育ビジネスを実践する上で非常に役立っています。

どちらも相手の「困っていること」「悩んでいること」を解決してあげる仕事だからです。ぜひ、あなたも「相手のやりたくないこと・悩んでいること」を自分が解決できないか、という発想をしてみてくださいね。

失敗から学んだこと

- ✓ **「人がお金を払う三原則」を覚えておこう**
- ✓ **誰かの「やりたくないこと」「悩んでいること」はチャンスだと思おう**

欲しいもの、なりたいものを明確にしよう

気がつくと、僕は28歳になっていた。現在の美容室チェーンに就職して、もうすぐ10年近くになる。一流の美容師になるため猛烈に髪や美容について勉強し、腕にも自信はついた。けれど、このまま頑張っていて、本当にお金持ちになれるのだろうか？　毎日、朝から晩まで働いているけれど、思ったよりもお金は貯まらない……。

ある日、僕は師匠の家に遊びに行き、率直に疑問をぶつけてみた。すると、師匠はにっこり笑ってこう言ったのだ。

「タケちゃんはお金持ちになりたいんだよね。具体的にいくら欲しいの？」

僕はその質問に答えられなかった。小学生の頃から偉くなってお金持ちになりたいと思っ

ていたけれども、具体的にいくら欲しいのかなんて、考えたこともなかったからだ。

僕が考え込み始めると、師匠はカウントダウンし始めた。

「1・2・3……はい、時間切れー」

そして師匠はいたずらっ子のような笑いを浮かべて、こう続けた。

「タケちゃん、**人は明確に意識したものしか手に入れられないんだよ**。だから、3秒以内に欲しい金額、稼ぎたい金額が言えない人は、それだけのお金を手に入れることはできない」

「なぜなら、欲しい金額を明確にしたときに、初めてその金額を得るための方法が見えてくるからなんだ。さあ、そろそろ欲しい金額は決まった?」

僕は当てずっぽうで、とにかく答えた。

「10億円欲しいです」

師匠はすぐに聞いてきた。

「いつまでに？」

「……10年後までに」

「なんのために？」

「……贅沢するために」

「どんな贅沢？」

「おいしいものを食べたり、世界中を旅行したり……」

「オーケー、タケちゃん。じゃ、目を閉じてくれる？」

僕は黙って目を閉じた。

「私が合図をしたら目を開けてほしい。そして、同時にこの部屋にある『黒いアイテム』を探して欲しいんだ。……はい、目を開けて！」

僕は目を開けた。その瞬間、いくつもの黒いアイテムが目に飛び込んできた。暖炉の上の時計。コンセントに刺さったプラグ。師匠の靴。オーディオセット。大きな薄型テレビの枠……。

「じゃあ、目を閉じて、黒いアイテムを教えてくれるかな？」

師匠は僕がアイテムを数え上げると、満足そうに微笑んだ。

「じゃ、『白いアイテム』はどんなものがあったかな？」

僕は内心、師匠におちょくられているのかと思って少し腹が立った。部屋の中にあるものを答えるなんて、子どもだって簡単にできる。

ところが……部屋の中にあった白いものを、僕はまったく答えられなかった。完全に意識の中から白いアイテムの存在は抜け落ちていたのだ。思わず「し、白……!?」と口に出して、部屋の周りをキョロキョロしてしまった。

そんな僕を見て師匠は楽しそうに笑い、こんなことを教えてくれた。

「タケちゃん、これは『**RAS**（**Reticular Activating System：脳幹網様体賦活系**《のうかんもうようたいふかつけい》）』**という人間の脳の仕組みだよ**。この仕組みによって、脳は目や耳に飛び込んでくる膨大な情報を一瞬で選別し、『自分が欲しい情報』だけを取り入れる。つまり『黒いアイテム』を探していると黒いアイテムが見つかり、『白いアイテム』のことは意識できないんだ。どちらも目には見えているんだけどね」

「だから、**『自分が欲しい金額』『なりたい未来の姿』を明確にすると、自然にそれを実現させるための情報が入ってくるようになる**んだ」

「さて、タケちゃんは10年後に10億円が欲しいわけだけど、今の状態を続けていて、それは実現しそうかな？　ま、ゆっくり考えてみてよ」

僕は師匠の屋敷からの帰り道、じっくりと考えてみた。いわゆる「一流美容師」の年収は、せいぜい１０００万円から２０００万円だ。10億円稼ぐには50年以上かかってしまう。一流美容師になるためにいくら頑張っても、本当の僕の目的地にはたどり着けないということだ。

それなら、たくさんの美容室のオーナーになるという方法はどうだろうか。美容師というプレイヤーから、オーナーという経営者に変わるのだ。これなら店の数を増やせば増やしただけ、収入は青天井になる。

つまり、同じ努力をするなら、一流美容師ではなく美容室のオーナーになる努力をするべきだったのだ。たとえば、自分の技術を磨くことよりも、スタッフが簡単に覚えられる技術や教育システムを考えること。僕はこの発見に心の底から興奮した。

この日以降、僕は当時世の中で有名だった経営者と自分の間にある大きな差を感じるようになった。それはたとえば、ホリエモンだったり、楽天の三木谷社長といった人たちだ。

さらに書店に行ったら企業会計の本が目につくようになり、経営者の交流会も気になり始めた。

つまり、経営者になるための情報がどんどん入ってくるようになったのだ……。

金額の明確化ができれば正しい努力ができる

この頃の僕は、とにかく美容師として腕を磨くことに集中していました。でも、それだと「美容師としての収入」が収入の上限になってしまうわけです。

なぜこういう間違った努力をしていたかというと、やっぱり「金額の明確化」ができていなかったからです。

自分が欲しい金額を明確にしないと、その目的に向かう正しい努力ができません。

この発想は、のちの「りらくる」にも繋がっています。自分が欲しい金額を得るには、数店舗しか展開しないのではダメなことは最初からわかっていました。

だから最初から全国に数百店舗展開することを想定し、そのための仕組みを作っていったのです。

多くの人は目の前のことを一生懸命やっていれば、目標は実現すると思いがちです。しかし、現実はそうではありません。努力している内容が「自分の目的地に向かっているか？」ということを、常に意識する必要があるでしょう。

失敗から学んだこと

- ✓ **「自分の欲しい金額」を明確にしてみよう**
- ✓ **欲しいものを明確にすると、必要な情報がどんどん入ってくるようになる**

お金持ちは貯金より「信用貯金」を大切にする

師匠の話を聞いてから、僕は独立を考え始めたものの、そのための資金のあてがまったくなかった。いくつか銀行も回ったりもしたが、当時は「不良債権」「貸し剥がし」という言葉が飛び交っていた時期なので、どこにも相手にされなかった。

途方に暮れて、僕は師匠に相談を持ちかけた。すると師匠はいつもの調子で僕に教えてくれた。

「タケちゃん、**お金持ちになる前には、ある準備が必要なんだ**」

「それは何ですか?」

「それはね……『**信用貯金**』を貯めることなんだ」

首をかしげる僕に、師匠はゆっくりと説明を始めた。

「まず、お金の正体はわかる？」

「うーん……お札とか百円玉とかですか」

「それらは単にお金の正体を誰の目にも見えるよう、形にしたものだよ。

本当のお金の正体は『信用』なんだ。

たとえばクレジットカードを考えてみて。この人はちゃんとお金を返せる人だ、という信用がある人ほど、使える額が大きくなるね。反対にその信用がない人は使える額が少なくなるし、最悪の場合、クレジットカードを使うことすらできない。

これが『信用こそ、お金の正体』という証拠なんだよ」

「また、大昔は山で獲れたイノシシ1匹と海で獲れた魚5匹を物々交換する代わりに、キレイな貝殻を使ったりもした。これも貝殻を使ってイノシシや魚と交換する取り決めが守られる、という『信用』があって初めて、キレイな貝殻はお金になったわけだよ。信用がお金の正体だ、っていうことは何となくわかってもらえたかな？」

僕がうなずくと、師匠はさらに続けた。

「お金が信用であるということは、他人からたくさん信用されている人は、たくさんお金を持っているようなものだ。私はこれを『信用貯金』と呼んでいる。独立するためのお金が足りないなら、まずはこの『信用貯金を貯めること＝人から信用されること』を意識してみるといいよ。さて、信用される人ってどういう人かな？」

「えーっと、約束を守る人……とか」

「そう、その通り。当たり前の話だよね。でも、もっと信用貯金が貯まる方法があるよ。それは単に約束を守る（＝誰かの期待通りのことをする）のではなく、誰かの期待を上回ることなんだ。

言い換えれば、タケちゃんが**相手の予想を超える成果を出せば、より大きな信用を得ることができる。**そんなチャンスを見逃さないようにね」

僕は師匠にお礼を言って帰宅し、さっそく自分の周りの状況を振り返ってみた。実はちょうどその頃、僕が勤めていた美容室チェーンのオーナーは悩みを抱えていた。自分の息子を経営者として考え、経営にも関わらせていたのに、肝心の息子が毎朝のように遅刻していたのだ。そのことで何度か大きなケンカもしていたようだった。

僕はこれを信用貯金を貯めるチャンスだと考えた。オーナーに息子さんの教育を任せてくださいと申し出てみたのだ。

オーナーは驚いたようだったけれど、了解してくれた。

その日から、僕は毎朝オーナーの息子さんに電話し、一緒に出勤するようにした。彼に起きられない理由を聞いたところ、「父と同じ時間に出勤すると、2人きりで話をすることになる。そこからケンカになるのが嫌なんだ……」ということだったから、第三者の僕が入ることにしたのだ。

このことを始めてから、当たり前だがオーナーの息子さんは遅刻しなくなった。そして、オーナーの僕を見る目が明らかに変わり、特別扱いされるようになった気がする。

また、同じ頃、僕が勤めていた美容室チェーンのうち、和歌山県にあるお店の業績が急激に悪化していた。理由は遠距離にあることからオーナーの目が行き届かず、スタッフたちが好き勝手をし始めたことだった。

そこで僕は、オーナーの代わりに週2回、和歌山県のお店に自分が入ることをオーナーに提案した。片道2時間かかるので、家を出るのは朝6時半。そしてスタッフへの技術指導もしたので、お店を出るのはいつもだいたい夜中の0時過ぎになった。

結果として、半年も経たないうちに和歌山店の業績も立て直すことができた。そして、オーナーは特別に僕を呼んで慰労会をしてくれた。

息子さんのこと、和歌山店のこと、それらについてオーナーが感謝の言葉をくれたとき、僕は温めていた「りらくる」の話をしたのだ。

話を聞いたオーナーは、「りらくる」の開業に必要な資金をすべて出資してくれた。だから僕は、実は「りらくる」の開業にあたり1円もお金を使っていない。これがまさに、師匠が言っていた「信用貯金」の力だったのだ……。

お金よりも先に蓄えるべき信用貯金

僕はここに書いた通り、**人が「いやがること」「面倒なこと」「困っていること」を見つけたら、それは相手の期待以上のことをするチャンス**だと思うようにしています。

ご紹介したエピソード以外にも、僕はオーナーが作りたい美容室のイメージを聞き出し、オーナーが面倒だと思うことを全部、自分が代わりにやっていました。それらのことが美容室のオーナーに「りらくる」の資金を提供していただくことにつながったのです。

前にもお話ししましたが、中学時代にサッカー部の顧問の先生が言っていた「人が面倒に思うことをやれない人間は、将来偉くはなれないぞ」という話、また師匠の「お金の前に『信用貯金』を貯めよう」という話を信じ続けて良かったと思います。

失敗から学んだこと

- ✓ **お金持ちになるために大切なのは「信用貯金」**
- ✓ **人の期待を上回ることをすれば「信用貯金」は大きく貯められる**

第2章

組織とは、数字とは、何か

―経営者としての失敗と学び―

数字と仕組みだけで会社を回す

美容院を退職した僕は、「りらくる」というマッサージ店を始めた。

その後の7年間で、りらくるは600店舗以上の直営店を出店することができたのだが、その細かい経緯についてはここでは触れない。ただ、**その7年間、僕はすべてを「数字」だけで判断していた。**

また、「社員やスタッフを育てる」「マネジメントする」という考え方も持たなかった。むしろ個人の能力やスキルに頼る必要のない「仕組み」を構築しようとしていた。

「数字」で判断するとは、例を挙げると次のようになる。まず、りらくるでは1日を通して「店舗の稼働率」を出していた。朝10時オープンの店舗であれば、10時～14時と14時～18時、そして18時～深夜2時までの時間帯に区切っていく。

さらに、それぞれの時間帯に出勤しているスタッフの人数×1人あたりの労働時間を出すと、お客様を受け入れるための「枠」がどれだけあるか算出できる。たとえば、出勤しているスタッフが2人で2時間働けば、「4時間の枠」があることになる。

この枠の中に、「1時間」のお客様が2人いたとする。すると、4時間の枠のうち2時間が埋まるので、稼働率は50％となる。りらくるでは、この稼働率がちょうど55％くらいになるようにスタッフの数を調整していた。

稼働率が55％より高くなると、そのお店のその時間帯にお客様の取りこぼしが出ている可能性が高いことが、それまでの記録からわかっていた。だから、稼働率が低くなるようにシフトを調整し、スタッフが多く入るようにした。

反対に稼働率が55％より低くなると、その時間帯はスタッフが暇になりすぎている可能性が高い。

りらくるのスタッフは全員成果報酬だったから、稼げなければ辞めてしまう人が出てくるので、これは大問題だ。このような店舗では、その時間帯のスタッフが減るようシフトを調整したり、集客に力を入れるようにしていた。

他にも、スタッフの採用も数字で効率化を図っていた。まず、りらくるの求人に対して応募の電話がかかってきた件数、応募の電話をかけてきた人が面接にきた件数、面接を受けた人がトレーニングに参加した件数、トレーニングを受けた人が実際に店舗で働き始めた件数、さらに入店したスタッフが3ヶ月続いた件数……といった数字を集計していたのだ。

これらの数字を見て、いろいろなことを判断した。まず、求人に対する応募電話を受けて、面接まで誘導できた割合が平均値より少ない「電話受付スタッフ」については、「折り返し電話をしているか」「返事がない人にショートメールで連絡をしているか」といったマニュアルに沿った対応をしているかを確認した。

他にも、トレーニングを受けて店舗で働き始めた人の割合が平均値より少ないトレーナーは、トレーニングの指導が厳しすぎる可能性があるので本部の人間が注意するようにしていた。

さらに新人スタッフが3ヶ月勤務している割合が平均値より少ない店舗は、新人を温かく迎える状態になっていない可能性が高いので、これも店舗スタッフを本部の人間が指導に行くようにしていた。

このように、りらくるの経営・運営にあたっては、あらゆることを「感覚」ではなく「数値」で判断していたのだ。

また、社員の能力に頼らないための「仕組み」としては、りらくるの各店舗に「店長」を置かなかったことが挙げられるだろう。店長を置かなければならないということは、店長が務まるような優秀な人材を採用する必要がある。もしくは、店長が務まるような人材を社内で育てる必要がある。

僕はそれでは、とてもスピーディーな多店舗展開はできないと思った。だから、店長がいなくても店舗運営ができるような仕組みを作ったのだ。詳細は省くが各店舗にウェブカメラを設置し、本部ですべての店舗の様子やスタッフの勤怠、予約状況や売上などをチェックできるようにしていた。

売上金の回収も、各店舗で担当するスタッフを決め、毎日近所のコンビニや銀行のATMに入金してもらうという仕組みにした。もちろん、担当するスタッフには相応の手当を支払っていた。

このようにすべてを**数値で判断し、属人的な要素をすべて排除した結果、りらくるは7年間で直営600店舗という驚異的なスピードで多店舗展開することができた。**

ただ……このようなやり方をドライすぎる、ついていけないと考える社員やスタッフも多かった。経営者として判断する上で、社員やスタッフの個別の事情は一切考慮しなかったし、社員や現場スタッフから寄せられるさまざまな要望もほとんど聞き入れなかったからだ。

一例を挙げると、あるとき現場スタッフからお店の「足ふきマット」が汚れてきたため、買い替えてほしいという要望をもらったときのことだ。

1枚5000円ほどのものだったが、僕はその現場スタッフに今の足ふきマットを使い続けることで来なくなるお客さんがいるのか問い正し、明確な答えがなかったので交換は認めなかった。

投資した金額に見合った利益があるのかを確認しただけだから、僕はそれで当然だと思っていた。しかし、結果として当時のりらくるの本部社員や現場スタッフの離職率は、同業他社と比べてもかなり高くなっていたと思う。

この間、師匠は僕のやり方について何も言わなかった。

ときどき、りらくるの状況を報告に行くと、いつも笑顔で僕を迎え、話を聞いてくれていた。ただ、今から振り返れば、その笑顔には少し心配そうな雰囲気があったような気もする……。

ビジネスは仕組みで回し、その成否は数字で判断する

この本のテーマは僕の「失敗」や「反省」なので、りらくるがうまくいった秘訣についてあまり触れるつもりはないのですが、少しだけお話しさせていただくと、経営者として**「数字」と「仕組み」だけでビジネスを回そうとするのは、業態によっては正解**です。

たとえば、りらくるのように多店舗展開することを目指している場合、最初からビジネスモデルを多店舗展開できるように設計する必要があります。その一番のポイントは、「普通の人だけでお店を運営できるようにする」ということです。

優秀な人を採用したり、長期間のスタッフ教育をしなければお店が運営できないという仕組みにしていると、必ず店舗展開に必要な人材が足りなくなります。だから僕は、普通の人でもマッサージの施術を3日で覚えられる施術方法を考案し、誰もがお店の運営をできるような仕組みにこだわりました。

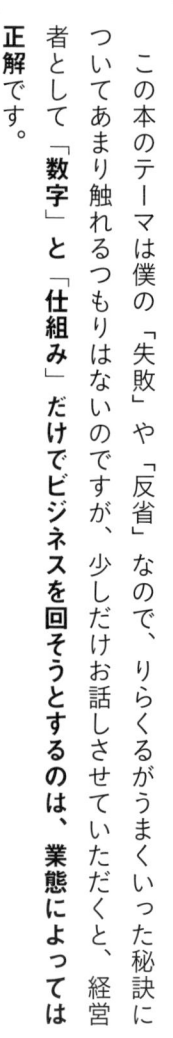

そして、この仕組みを回していくためには、すべてを数字で判断する必要があります。一人一人のスタッフを個人として認識したり、それぞれの事情をいちいち経営判断に持ち込んでいたら、多店舗展開は止まってしまうからです。

りらくる時代の経営手法については、拙著『無名の男がたった7年で270億円手に入れた物語』（扶桑社）に詳しく書いていますので、興味のある方はそちらをご覧ください。

失敗から学んだこと

- ✓ **多店舗展開には、すべてを数値で判断することと、「仕組み」作りが欠かせない**
- ✓ **しかし、「数値」と「仕組み」だけの経営では、人がどんどん離れていってしまう**

人間関係のテクニックは有効ではあるが……

僕は基本的にりらくるを「数字」と「仕組み」だけで経営していたけれど、りらくるには何千人もの人が関わっていたから、もちろん人間関係を無視することはできなかった。

とは言え、僕が直接全員と関わっていたわけではない。日常的に接するのは、りらくるを運営する本部の幹部社員など十数名程度だった。

そんな彼らにしっかり仕事をしてもらうため、僕は師匠から教えられた人間関係のテクニックを使っていた。

たとえば、「否定から入らない」ということ。

幹部から上がってくる報告や相談についてまったく間違っていると思っても、いきなりそこを指摘するのは我慢した。

まず、相手の努力をほめたあと、「〇〇については〇〇という方向でもう一度見直してきてくれる？」と言ったりするようにしていた。
ただ、それは完全にうわべだけのことで、相手のことを思いやったり、成長を促し育てようといった愛情があったからではない。

単純に人間関係を円滑にし、相手を自分の思い通りに動かすためのテクニックとして使っていたに過ぎなかった。

そして、実は僕の人間関係におけるテクニックを周囲の人は見抜いていたのかもしれない。当時の幹部社員で、りらくる卒業後も連絡をくれた人はほとんどいなかった。いたとしても、それはあくまでも僕の経営的な能力を学びたいというだけで、人間としてつき合いたい、という温かな関係ではなかった。

これは美容室時代も同じだった。
店長や美容室チェーン全体の教育係を務めていたとき、僕はすべてテクニックを用いて人とつき合っていた。
機械的に相手をほめ、認め、その後に直してほしいところを指摘する。そこに相手への愛情はまったくなかった。

こんな僕のことを、師匠はどう思っていたのだろうか？　りらくるが急拡大するに従って仕事が忙しくなり、師匠と会うのは1年に1度か2度くらいになっていた。**それでも師匠はいつも変わらぬ笑顔で迎えてくれた。**それは僕にとって、本当に心安らげる貴重な時間だった。

だが、それが師匠のテクニックなどではなく、師匠のとてつもなく大きな愛の力であることに、当時の僕はまったく気づいていなかった……。

ビジネスのスピードと忙しさの中で忘れていたこと

りらくる時代の僕の人とのつき合い方は、極めてビジネスライクでドライなものでした。

7年間で600店舗すべてを直営で展開するということは、平均すると年間で85店舗、毎月7店舗を新規出店するという異常なハイペースでしたから、仕方のない面もあったとは思います。

当時は、出店候補になる土地の情報が不動産会社から入れば、それが朝でも夜でもすぐに現地確認に駆けつけていました。

りらくるは人気のあるロードサイドのコンビニ跡地を中心に出店しており、もたもたしていたら土地が手に入りません。そんなふうに24時間365日走り回っていたのです。

表面的な人間関係に終始し、売上と利益という数字だけを追いかけ続けている竹之内青年に、ある日、師匠はある気づきを与えてくれるのでした。

失敗から学んだこと

- ✓ **「いきなり相手を否定しない」という人間関係の原則はどんなときでも有効**
- ✓ **人間関係を「テクニック」だけで考えていては本物の人間関係は築けない**

「幸運だった」をやめれば成功を再現できる

りらくるが急速に拡大するにつれ、さまざまなマスコミから取材される機会が増えた。そんないくつかのインタビューの中で、僕がりらくるの成功の秘訣を聞かれて、「本当に運が良かったんですよ」と言ったことがある。インタビュアーがそういう「いい話」風にまとめたい空気を読んで、僕は何気なくそう答えたのだった。

その番組が放映されて間も無く、師匠から電話がかかってきた。

「タケちゃん、この間のテレビを見たよ。本当に頑張ってるね！　もし時間があれば、今度うちに遊びにおいでよ」

師匠からのお誘いは久しぶりだったので、喜んで師匠の家に行った。いつも変わらぬ温かい空気に、僕の心がほぐれていくのを感じた。

「……ところでタケちゃん。**自分のことを運がいい、って思う？**」

「はい。かなり運がいい方だと思います」

「そうだね、私と出会うくらいだから……ここは笑うところだよ？（笑）」

師匠はニッコリと笑い、そして少し真面目な表情になった。

「タケちゃん、何かで成功したときに『運が良かった』で終わらせてはいけないよ。
失敗したとき、多くの人は反省して何が悪かったのかを振り返る。
ところが**成功したときは、『運が良かった』と言って成功の要因を考えようとしない。
これは大きな損をしているんだよ**」

「人は成功した時こそ、なぜ成功したのかを考えるべきなんだ。そうして**成功の原因を突き止めることで再現性が生まれ、何度でも成功することができるようになる。**

また、他の人に知識として伝えることもできる。君が成功や失敗から得た果実は、自分だけで独占するのではなく、いつか他の人と分かち合ってほしいんだ」

師匠の言葉は僕の中にスッと染み通った。これまで僕自身も「運が良かっただけです」「皆さんの応援のおかげです」といった言葉を口にするたびに、なんとなく考えていたことを、はっきり言語化してもらえた気分だった。

この師匠の言葉によって、僕はそれまで以上に成功したこと、失敗したことの要因をはっきり考えるようになった。そして、自分のとった行動で優れていた点、間違っていた点をメモし始めたのだ……。

成功した原因がわからないからチャンスを逃す

以前聞いた話ですが、**世の中の8割くらいの人は「自分は運が良い」と思っている**そうです。言い換えれば、**およそ8割の人は自分が成功したこと、うまくいったことを運のおかげだと思っている**ということになります。

これは師匠の言う通り、とてももったいない話です。うまくいったことを運のせいにせず、「自分のここが優れていたからだ」と考えるのは一見、傲慢にも見えますが、そうしなければ学びになりません。

成功した原因を突き止めれば、それを使って成功を再現することができます。成功を運だと思っている人にはできないことです。

また、成功の要因を明らかにすることで、他の人に伝えることができるようになります。実際、僕がりらくるを事業譲渡したあとに取り組んだビジネスは、いずれもりらくるで突き止めた成功の秘訣を利用しています。

先にご紹介した「無名の男がたった7年で270億円手に入れた物語」（扶桑社）という本を出すことができたのも、りらくるが成功した秘訣を論理的に説明することができたからなのです。

失敗から学んだこと

- ✓ **成功したときに「運が良かった」で終わらせない**
- ✓ **失敗だけでなく、成功からも学ぶべきことが必ずある**

リーダーとは流れを作る人

りらくるを経営していたとき、僕はいつも最初から会議で自分の考えを押しつけていた。たとえば店舗数を増やすのが議題なら、「月に10件増やそう！」と冒頭に発言するのだ。いつも会議はあっという間に終わったが、店舗開発を担当する現場の人たちのモチベーションは、一向に上がらなかった。

なぜなら、「月に10件」という目標は上から一方的に言われたことであり、自分たちで決めたことではないからだ。そして、「現実的には難しいと思います」といった言い訳が始まる。実行段階でも熱意が感じられなかった。

僕のリーダー像は「みんなを動かし、やらせなければならない」というものだったから、その言い訳を論破し、僕の結論を一方的に押しつけていた。それが嫌でやめる人がいるのも仕方がないと思っていたのだ。

ある日、僕は「社員が思うように動いてくれない」という愚痴を師匠にこぼした。師匠はいつものように微笑みながら、こんなことを言った。

「タケちゃんはリーダーとして、とても頑張っているね。そんなタケちゃんの役に立つかもしれない面白いセミナーがあるんだけど……行ってみない？」

とある週末、僕は師匠に教えられたセミナーに参加した。セミナーは講師が一人いて、参加者は数人ずつのチームに分かれて一つの問題を解決するために話し合う、というスタイルだった。

やがて、ある参加者が「自分は議論についていけない！」と泣き出してしまった。僕は講師がなんとかするだろうと見ていたら、講師は「彼女は泣いているよ。みんなどうするの？」と問いかけただけで何もしなかった。

やがて、参加者たちが泣いてしまった参加者を慰め、サポートし、議論はまた再開された。僕はこの流れに驚き、**なぜ運営側の講師が泣いた参加者を慰めるなど、サポートしなかったのか**、セミナーが終わったあとで講師に質問してみた。すると、講師は師匠そっくりの微笑みを浮かべてこう言った。

「リーダーは自分から率先して動くこともありますが、『流れを作る』のが本当の仕事。参加者の皆さんが、泣いた参加者の方をサポートする流れを作るのが、あの場のリーダーである講師の仕事なのです」

僕は会社に戻ってから、講師に言われたことをじっくり考えてみた。冒頭のりらくるの出店数に関する会議で言えば、「店舗数の目標値」を宣言して引っ張るのではなく、それだけの店舗数をやろう、という流れに持っていくのがリーダーとしての僕の仕事だということだろう。

そこで僕は、次の会議でいきなり出店数の目標数値を言うのではなく、どれだけの数値をやろうか、そして、それをやるためにはどうしたらできるだろうか、という話の流れに持っていった。

会議のメンバーは、もともと新規出店をするために集まっているから、自分たちで目標を立て、それを実現するための方法を考えるようになると、自然と会議にも熱が入るようになった。そして、最終的に自分達が決めたことだから、実行段階では、見違えるように一生懸命取り組むようになったのだ。

リーダーは流れができたら、あとはいなくてもよい？

このセミナーの感想を伝えにいったとき、師匠は僕にこう教えてくれました。

「リーダーとはムーブメント（流れ）を起こす人であり、ムーブメントを起こしたあとは本人はいなくてもよい」

当時の僕は、自分の考えが一番正しいと思っていて、理詰めで強引に自分の考えを通してしまっていました。

リーダーの自分がみんなを管理し、正しい方向に導いていけばうまくいくと考えていたわけです。

しかし、それでは社員やスタッフの力は発揮されませんでした。「店舗数を宣言する」のではなく、「これだけの店舗数をやってみよう！」という流れを作るのがリーダーの本当の仕事だったのです。

失敗から学んだこと

- ✓ **リーダーとはムーブメント（流れ）を起こす人**
- ✓ **人は「自分で決めた目標」には一生懸命になれる**

会議はみんなのためにある

りらくるは順調に店舗数を増やし、売上も利益も拡大していたけれど、上から言われたから仕方なくやる……という空気が組織全体に蔓延していた。そこで、会議で僕の結論を押しつけるのを辞めた結果、社員のモチベーションは上がった代わりに、会議時間がとても長くかかるようになってしまった。

なぜなら、こんなふうに会議が進むようになったからだ。

僕「僕は月10店舗増やしたいんだよね。どう思う?」

会議の参加者A「私は月7店舗が限界だと思います。理由は◯◯です」

会議の参加者B「私は月8店舗までは行けると思います。理由は□□です」

会議の参加者C「□□については、こんな解決方法があります」

会議の参加者B「□□が解決できたら、月10店舗いけますね」

会議の参加者A「◯◯について何か解決策はありませんか？」
会議の参加者D「◯◯について、こんな方法で解決したことがあります」
会議の参加者E「それなら月9店舗行けるのではありませんか？」
会議の参加者F「◯◯は××という方法で、もっと簡単に解決できますよ」
……………。

このような形で、僕が特に口を挟まなくても最終的に僕の提案以上の目標数値が固まり、みんな「やるぞ！」という空気になっていった。僕はつくづく、「トップダウンの限界」というものを思い知らされた気分だった。

「社長が決めた」のではなく、「みんなで決めた・決断した」と思えるような流れを作ること。それが大切だったことに改めて気づいたわけだ。だから会社として大事な流れを作るときは、しっかり時間をかけるようになった。けれど、効率の悪い会議、長い会議が大嫌いな僕は毎回会議が苦痛だったので、ある時師匠に電話で愚痴をこぼしてしまった。

すると、師匠が笑いながら教えてくれた。

「タケちゃんは偉いね！　あのセミナーからの学びを早速活用して、結果を出しているんだから。長い会議が嫌な気持ちはよくわかるよ。**ただ、そもそも会議というのは物事を決める場ではないんだ**」

「ええっ！　そうなんですか!?」

僕は思わず大きな声を出してしまった。

「そう。**会議とは参加者全員で意見を出し合って、納得し、やる気を出すためのもの**なのさ。

みんなが話し合って、**『これだ！』と納得し、やる気になる過程が大事**。そのための話し合いなんだよ。

長い会議は退屈だと思うけど、それもリーダーの仕事の一つ。私の目を開けたまま眠る特技も、そういう会議で身につけたんだよ」

師匠の本気か冗談かわからないセリフに笑いを嚙み殺しつつ、僕はお礼を言って電話を切った。

会議では「みんなで決めた」過程を大事にする

長い会議が嫌いなのは今でも変わりませんが、そういうときもグッと笑顔で我慢できるようになったのは、このときの師匠の教えのおかげです。

それまではいつも淡々と論理的に相手の意見を粉砕して、「これで会議を終わります」という感じでした。

繰返しになりますが、**人間は他人に決められたことには従えなくても、自分で決めたことはしっかり守るもの**です。だからこそ、会議では「みんなで決めた」という意識作りが大切。皆さんも、僕のような失敗には気をつけてくださいね。

失敗から学んだこと

- ✓ **会議は物事を決める場ではない**
- ✓ **会議はみんなで意見を出し合い、納得して、やる気を出すためにある**

お金だけでは人とのつながりは作れない

今から振り返ると、りらくる時代の僕は孤立していた。もちろん社内や社外の人たちと上下関係や利害関係という結びつきはあったけれど、「心からのつながり」はまったくなかったのだ。

僕の周囲にいたのは仕事だから仕方なくつき合ってくれている人と、僕の経営的なセンスを学びたいと思っていた人だけだった。

だから、２０１７年12月、イギリスの大手ファンドに僕が所有していた「りらくる」の株を売却したときも、社内はまったく平常通りだった。そして、僕はりらくるの株を10％ほど残してはいたものの経営の第一線からは離れた。定期的に出社した最後の一日も、特に送別会や花束贈呈といったことはなく、静かに終わった。

それから、師匠にりらくるを売却した報告をしにいった。

「タケちゃん、お疲れさま。りらくる株の売却額は270億円だっけ？　税金や経費などを差し引いても、100億円以上の資産になるね。以前、君は『10億円を目指します！』と言っていたけれど、その10倍以上のお金を手に入れたわけだ。本当におめでとう」

師匠が改まった様子で、握手の手を差し出してくれた。

「ありがとうございます！」

うれしさがこみ上げて、僕は師匠の手をしっかり握り返した。とても温かく、柔らかな手だった。その手を離したあと、師匠はソファに座り直して独り言のように呟いた。

「タケちゃんは、お金のことはかなりマスターしたと思う。だから、**そろそろ『愛』について学び始めなければね**」

そのときの僕は、まだ師匠の呟きの意味をまったく理解していなかった……。

「お金」の次は「愛」について学ぼう

よくテレビドラマなどで、会社を定年退職した人が部署のみんなから花束を渡され、拍手で送られるというシーンを見かけます。しかし、僕がりらくるをやめたときは本当に何もありませんでした。

今から振り返れば、それは**一緒に働いてきた人たちと人間としてつき合うことをせず、売上をアップさせることだけを考えていた**からでしょう。僕は、ひたすら数字だけを追いかけていました。

実は、美容院時代もこれと同じような感じでした。お店で10年近く働いていましたが、送別会なども特に開かれませんでしたし、誕生日をお祝いされることもありませんでした。そして、僕はそれを寂しいことだとは思っていなかったのです。

失敗から学んだこと

- ✓ **「人とのつながり」は、お金のつき合いでは得られない**
- ✓ **「愛」がなければ「心からのつながり」にはたどり着かない**

第3章

成功とは、幸せとは、何か

―ビジネスプロデューサーとしての失敗と学び―

100億円あっても幸せにはなれない

無我夢中で走り続けたりらくるの仕事を終え、大金を手に入れた僕はさすがに休んでもいいだろうと思った。そして、とんでもない値段のレストランでおいしいものを食べたり、毎日のようにゴルフや麻雀をし、飛行機のファーストクラスで海外旅行に行くなど、思いつく限りの贅沢を始めたのだ。

しかし、そんな日々を2年ほど続けたある日、何をやっても楽しくない自分に気がついた。何を食べても、どこへ行っても、どんなことをしても面白くない。まるで、うつ病にかかってしまったようだった。

僕はそれまで、お金持ちになれば幸せになれると思っていた。金銭的な不安がなければ、一生幸せだと思っていた。楽しいことを毎日やれたら、きっと毎日も幸せだろうという、憧れの気持ちがあったのだ。しかし、それはまったくの間違いだった。

僕はたまらなくなって、師匠に会いに行った。師匠は僕の話を聞くと、静かに微笑んで次のような話をしてくれた。

「タケちゃんは、この2年間でとても大きなことを学んだね。**人間の『幸せ』は外部からの刺激によって生まれるものではないんだ。反対に、『感情』は外部からの刺激によって生まれる**」

「たとえば、誰かに欲しかったものをプレゼントされたとしよう。おそらく『うれしい』という感情が生まれるね。でも、幸せを感じるかと言われたら、それはちょっと違うのではないかな？」

僕は小さくうなずいた。たしかに贅沢をしていた時間は、その贅沢によって「おいしい」「楽しい」「興奮する」といった感情が得られた。でも、それで幸せを感じたかと言われると、そうでもなかったような気がする。さらに贅沢の刺激に慣れてしまうと、感情すら湧いてこなくなっていた。

「だから、**私たちが幸せを感じるには『自分の幸せ』を定義しなければならない。**自分の幸せはこれだと決めることで、初めて幸せを感じられるようになるんだよ」

師匠の家からの帰り道、僕は「自分の幸せ」とは何かを考えてみた。今まで人生で、幸せを感じたのはどんなときだったか？　それは結局、ビジネスをしているときだった。

また、同時に当時脚光を浴びていたＹｏｕＴｕｂｅやＳＮＳで数字を取る、ということにも興味があった。僕はやはり、数字を追いかけているときが一番幸せなのだろう……そう結論づけて、再びビジネスの世界に復帰することにしたのだ。

幸せは感情のように自然に浮かんではこない

人間の感情を分類する方法として、アメリカの心理学者ロバート・プルチックが提唱した「**プルチックの感情の輪**」というものがあります。

そこでは、**人間の感情には「喜び・信頼・恐れ・驚き・悲しみ・嫌悪・怒り・期待」**

という8つの基本的な感情があり、その他のさまざまな感情もすべて基本的な感情が交ざり合ったものであると表現されています。

このプルチックの感情の輪の中に、「幸せ」という項目はありません。この事実は、僕の師匠の「幸せは感情ではない」というメッセージを裏打ちしていると思います。

つまり、**幸せは感情のように自然に浮かんでくるものではないからこそ、自分で定義しなければ感じ取れない**わけです。

しかし、ここで過去の僕は「数字を追いかけることが自分の幸せ」だと思い込みました。そのことが、また悲劇を引き起こすのです……。

失敗から学んだこと

- ✓ **贅沢という「刺激」から得られるのは「感情」であり、いずれ慣れてしまう**
- ✓ **自分の幸せを定義しなければ、幸せを感じることはできない**

「お金持ちだけに来る儲け話」なんてない

りらくるの株を売却してから本格的にビジネスに復帰する少し前、僕は10億円の詐欺に引っかかってしまった。もしかしたら詐欺ではなかったかもしれないが、ことの次第は次のようなものだった。

最初は、あるアパレル会社の売れ行きが非常によく、夏のセールの仕入れ費用が用意できれば3ヶ月で1・5倍になりますから1000万円投資してください、という話だった。このときは利益がしっかり入ってきたので、さらに別の企業に5000万円入れて欲しいという話にも乗ってしまった。これもうまくいったので、次はこの企業に投資してください、あちらの企業に投資してくださいという話にも乗った。

それが1億円、2億円と続き、最終的に10億円くらいまで積み上がったところで「すべての企業が倒産しました」と言われたのだ。

まったく単純なポンジ・スキーム（ネズミ講：出資者から集めたお金を配当として分配する）だが、僕は笑ってしまうほど綺麗にハマっていたのだった。こんな話、とても師匠には話せない……と思ったが、絶妙のタイミングで師匠から電話がかかってきたので全部ぶちまけてしまった。

師匠は電話の向こうで楽しそうに笑った。

「タケちゃん、それは大変だったね。でも、とてもいい勉強になったと思うよ。どんなことを学んだか教えてくれる？」

僕は少し考えて、こう言った。

「まず、**『お金持ちだけに来る儲け話』というのはありませんね。一方、『お金持ちにしか来ない詐欺話』はたくさんある**、ということを学びました」

「うんうん！　私も身に覚えがあるよ。ほかには？」

「今回の件、僕にはよくわからない分野だから専門家に任せてラクに儲けよう、という甘い考えがありました。やはり、自分でビジネスの可否を判断できるレベルの勉強は必要でしたね」

「さすがタケちゃん！　転んでもタダでは起きないね。今の『専門家に任せよう』という考え方を『依存思考』と言うんだ。投資やビジネスにおいて、一番避けなければならない考え方だよ。

反対に**自分でビジネスの可否を判断できるようにしよう、という考え方は『自律思考』**と言うんだ」

僕は師匠にお礼を言って電話を切ったあと、今、僕ならどんなビジネスに取り組むだろうか、と考えてみた。つまり、この出来事も僕が本格的にビジネスに復帰するきっかけになったのだ……。

わからないから任せるではビジネスはうまく行かない

この当時、僕は

「世の中のお金持ちはますますお金持ちになっている。つまり、お金持ちには特別な情報や儲け話が来るに違いない！」

と思っていました。それは見事に10億円もの失敗で間違いであることが証明されました。

このときは自分で考えるのが面倒くさくて、おいしい話に乗っかればいいや、と思っていたのです。

りらくるで頑張ったから、あとはラクして儲けたいという依存思考にどっぷり浸かっていたのでしょう。

しかし、この一件以降は目が覚めて、**自分が苦労して頭を使って考えなければ何事もうまくいかない**、と思っています。同じ人に任せるのでも、自分ができることやわかっていることを任せるのと、できないことやわかっていないことを任せるのでは全然違います。

たとえば、私が相談を受けた例ですが、あるクリニックの経営者が多店舗展開するために、ある軽食チェーンの幹部を雇いたいという話がありました。

クリニックの経営者は多店舗展開のノウハウがないので、経験豊富な軽食チェーンの幹部に多店舗展開を任せたいということでしたが、僕は「絶対にやめた方がいい」と伝えました。

というのも、自分にある程度の知識や経験がなければ、任せた人が失敗の言い訳をしたり、追加で投資して欲しいと言ったときに判断のしようがありません。人に任せる場合は、いつでも口出しできたり、介入できるような状態に自分をしておかなければならないのです。

「この人に任せておけば、きっとなんとかしてくれる」
「この人は自分の知らないすごい知識や経験があるに違いない」
と思い込むことは、まさに依存思考と言えるでしょう。

人に任せるときは、自分でもできることをやってもらう、もしくは自分もできるけ

れども、自分よりうまくやってくれる人にお願いする、という状況がベストなのです。

余談ですが、この10億円の一件を僕に持ってきた人とのつながりは切れていません。いまだに「10億円は必ずお返しします！」と言ってくれていて、ある時期までは実際に少しずつお金を振り込んでくれていました。

今後はどうなるでしょうか……。

失敗から学んだこと

- ✓ **お金持ちだけに来る「おいしい話」はないと思え**
- ✓ **他人に全部任せたいという「依存思考」は失敗のもと**

「人は感情を買う」という真実からアイデアを生む

本格的にビジネスに復帰するにあたり、僕には一つの必勝パターンが頭にあった。りらくるのときもそうだったが、まず成功している事例を探し、そこを徹底的に真似するというものだ。

そうして始めたいくつかのビジネスの中に、タルトケーキの販売店があった。タルトケーキとは、ザクザクした硬い生地の上に、フルーツや生クリームなどを乗せた洋菓子だ。

オープンして2～3ヶ月の売上は順調だった。ところが、3ヶ月を過ぎたあたりから客足が落ち、低空飛行が始まった。想定の半分以下の売上まで下がり、いよいよ赤字になるという状況のとき。師匠がフラリとお店に来てくれたのだ。

「タケちゃん、ビジネス復帰おめでとう！　美味しそうなタルトケーキだね」

師匠はお店の中をキョロキョロ見回した後、タルトケーキを買い、その場でパクパクと食べ始めた。

「うんうん、とってもおいしいね！　この店はオープンしてどれくらい？」

「3ヶ月目に入りました」

「**……もしかして、お客様が少ないんじゃない？**」

僕は師匠の指摘にドキリとした。

「ど、どうしてわかるんですか？」

師匠はニッコリ微笑んだ。

「きっと、タケちゃんはこの店をオープンするためにしっかり準備したよね。それはお店の内装や品揃え、タルトの味を見てもよくわかる。**でも、一番大切な『人がお金を払う三原則』をうっかり忘れているんじゃない？」**

そして、師匠はタケちゃんならきっとこのお店を立て直せるよ、と言って帰っていった。

僕はさっそく、タルトケーキを買いに来るお客さんの気持ちになって、『人がお金を払う三原則』を考えてみた。

まず、最初の3ヶ月ほど売れていたのは、「初めて食べる感動」や「行列のできる店で買ってきたと自慢できる」といったことが要因だろう。新しくできた店で買ってきた、と話のネタにできるというメリットもあったかもしれない。しかし、そういった強みは3ヶ月も経つと消えてしまう。やはり師匠の言う通り、「人がお金を払う三原則」から考える必要がありそうだ。

人がお金を払う三原則は、次の3つだ。

1．相手がほしいものを提供する

2. 相手ができないことを提供する
3. 相手はできるが面倒でやりたくないことを提供する

タルトケーキの場合、家で焼くのは難しいし面倒なので2. と3. は満たしている。だけど、タルトケーキを焼くのが難しいとか、面倒だから買う人はいるわけがない。やはり、1. を満たす必要があるわけだが、どうしたらそうなるだろうか？

そこで、僕はこれに**「人は感情を買っている」という原則も組み合わせてみた。**普通のショートケーキやチョコレートケーキではなく、タルトケーキを人が買うのはどういう感情からなのだろう。おそらく、誰かを「喜ばせたい」という感情と、ちょっとした「意外性」ではないだろうか。

ここまで考えて、僕は「誕生日にはタルトケーキが最適ですよ！」というチラシを作り、お店に来たお客さんに配ってみた。誰かを喜ばせる機会の代表例といえば誕生日だし、誕生日ケーキにタルトケーキというのは、いつもの普通のケーキとは違う意外性を相手に与えることができますよ、と訴えたのだ。

このチラシ作戦は見事に当たり、高単価のホールのタルトケーキがコンスタントに売れるようになった。
おかげでお店の経営も安定し、僕は胸をなでおろした。さすが師匠、今度お礼にタルトのホールケーキを持っていかなくちゃ……と思いながら。

商品を通じて生まれる感情もセットで買ってもらう

このタルトケーキ店では、本当に「人がお金を払う三原則」「人は感情を買っている」という原則を忘れていて、経営的にかなり危ないラインまで行ってしまいました。師匠のおかげでチラシ作戦を思いつき、本当に助かった思い出があります。

誕生日とタルトを組み合わせる発想について、もう少し詳しくご紹介しましょう。
まず、ケーキやタルトを買うシチュエーションの代表例が誕生日であることは、すでに書きました。

そこからさらに、タルトを作るのが面倒だと思う人は少なくても、誕生日をどう祝うか考えるのが面倒という人は意外に多いのではないか、と思ったのです。なぜなら、

1年365日は必ず誰かの誕生日だからです。

そこで、チラシは「毎年ケーキでは飽きられます。今年はタルトでサプライズ！オシャレで可愛いと喜ばれますよ！」という内容にしました。

タルトのライバルはケーキなので、そこからどう乗り換えてもらうか、という発想もありました。

このような発想は「うちはタルトを売っている」という考え方をしていては生まれません。あくまで、**タルトを通じて「喜ばせたい」「驚かせたい」という「感情」を買ってもらっているという発想を持つことで、新しいニーズや切り口が見えてきたのです。**

失敗から学んだこと

- **人にモノやサービスを買ってもらうときに「人がお金を払う三原則」は必須**
- **「人は感情を買っている」という考え方から新しい発想が生まれる**

失敗には成功につながる宝が眠っている

「コッペパンを売るお店」というのも、すでに成功事例があることから、それなりの勝算を見込んで始めたビジネスだった。コッペパンにいろいろなジャムや具を挟むだけなので、オペレーションも難しくない。

これは一気に多店舗展開できるか……と思っていたら、そううまくはいかなかった。なんと半年ほど経つと、売上が当初の半分以下。タルト店のときのようにいろいろなテコ入れをしてみても、一向に売上は回復しなかった。

結局、僕は展開していた6店舗のうち5店舗を閉店することにした。偶然、極めて立地の良かった1店舗だけはその後も経営を続けたが、そこと同じような立地を見つけ、多店舗展開するのは難しすぎた。

「……ということがあったんですよ」

僕は師匠のところでお茶を飲みながら、コッペパン店の話をしていた。りらくるを卒業してからは時間ができ、師匠と会える時間も増えていたのだ。

「タケちゃんはいろいろ頑張っているねぇ……本当に素晴らしいよ。で、**もちろんコッペパン店の件からも、いろいろ学んだんじゃない？**」

師匠はニコニコしながらそう言ってくれた。たしかに、周りの人は「竹之内は失敗した」と言うけれど、僕自身はそう思っていない。

「実は今回のコッペパンのおかげで、小麦粉の仕入れルートに詳しくなりました。また、パンを製造する人ともつながりができたので、新しいパンの開発に協力してもらえそうです。実は韓国で高級食パン店を展開する話があって……」

そんな僕の話を、師匠は楽しそうにウンウンと聞いてくれた。

そして最後に、**いつでも応援しているよ**、と言って送り出してくれたのだ……。

流行りもの商売で意識すべきは初めの3ヶ月

たしかに、コッペパンの多店舗展開は実現しませんでした。そもそも成功事例だと思っていた既存のコッペパン販売店も、実はほとんどがオープンから半年以内で、その後は一気に売上を落としていたのです。

しかし、コッペパンのお店に取り組んだことで小麦粉の仕入れルートを開拓し、さらにパン職人さんとのつながりができ、飲食店における接客のポイントを把握できました。このことが、後の韓国での高級食パン専門店の展開につながっています。

韓国から僕を訪ねてきてくれたキムさんというビジネスマンと組んで出店した高級食パン専門店は、拙著『無名の男がたった7年で270億円手に入れた物語』（扶桑社）を書いたときには韓国全土で7店舗でしたが、今では50店舗以上にまで広がりました。

余談になりますが、タルトケーキやコッペパンの経験から、流行のスイーツや飲食物を売るお店は最初は行列ができるものの、だいたい3ヶ月〜半年で売上が一気に下がることがよくわかりました。

これは言い換えれば、**流行のスイーツや飲食物には、3ヶ月～半年くらいは「爆発力」があるということです。**ですから、この期間に投資が回収できるなら、取り組むのもアリでしょう。

最近の事例で言うと、**「冷凍スイーツの無人店舗」「アイスクリーム専門店」などは初期投資が少ないのに爆発力があるので、1～2ヶ月で初期投資を回収できてしまっている**ようです。

失敗から学んだこと

- ✓ **失敗しても、次につながる「何か」は手に入る**
- ✓ **手を尽くしてもうまくいかないときは、素早く撤退するのも大事**

目立たない人に「スポットライト」を当てる

りらくるを卒業したあとのビジネスでは、僕も実験的な取り組みをしてみた。たとえば、「ほぐしのGOO」というリラクゼーション系のお店を3店舗買い取ったとき、これ以上店舗を増やさずに、一店舗あたりの客単価を上げることにチャレンジしてみたのだ。

各店に店長を置き、3店舗を統括するリーダーも置いてみた。また、店舗を買い取った引き継ぎで、これまで働いていた人が辞めてしまっては、かなりの戦力ダウンになる。そこで、スタッフ全員を集めたミーティングなどをして、丁寧な引き継ぎを心がけた。

会議ではりらくる時代の失敗を思い出しながら、僕がひとりで結論を出さず、「流れ」を作りだすようにした。スタッフの皆が意見を出し合い、自分たちで目標を決め、やる気を出してもらうためだ。

ところが、会議に集まったスタッフの大部分は積極的に発言するが、一人か二人くらい、黙ったままの人がいる。それでも会議は滞りなく進み、終わりそうになってしまった。

このとき、僕は以前師匠に誘われて参加したセミナーのことを思い出していた。あるグループワークで、僕はリーダー役を務めていた。当時の僕は発言しない人、意見を言わない人のことは無視して議論を進めていた。積極的に参加しない本人が悪いと思っていたからだ。

だが、そのときのセミナー講師はワークの途中で僕を呼び、こう言った。

「**竹之内さん。発言しない人の意見を拾わないのですか？**」

僕が発言しないのは本人の自由ですから、と反論すると、こう諭されたのだ。

「多数決で決めてはいけません。賛成多数だから仕方がない、というのはトップダウンと変わらないのです。発言していない人は『自分が発言しても無駄だな』と思っていたり、『議論の内容がよくわからない』といった傍観者です。そういう人たちを拾い上げるのはとても面倒ですが、それでも拾い上げて『こういうことだよ』と教えてあげるだけでも、その後の彼ら・彼女らの動きはまったく変わってきます。

たとえ**議論が振り出しに戻っても、傍観者を作らないことが大切**なのです」

このセミナーでの話を帰ってから師匠にすると、こんなふうに感想を言ってくれた。

「さすがタケちゃん！　セミナー代の元をしっかり取ってくるね。私はそういう会議で発言しない人の意見もきちんと聞くことを、**『目立たない人にスポットライトを当てる』**と表現しているよ」

そんな経験があったから、僕はあえて今回の会議でもまだ発言していない人に話を振ってみた。

「〇〇さんはどう思ってるの？」

すると、なんと振り出しに戻るような発言が出てきた。

「そもそも、なんでこんなことをやるんですか？」

会議に参加している全員が驚くなか、僕は会議で話し合っていた取り組みの内容を丁寧に説明した。最終的に、彼女も「それならいいですね」、と納得してくれた。先ほどまでとは、まったく顔つきが変わっている。まさにモチベーションが全然変わったのだ。

こうして再スタートした「ほぐしのＧＯＯ」は、見事に僕の期待に応えてくれた。りらくるでは売上アップを「店舗数を増やすこと」で実現したが、ほぐしのＧＯＯでは「一店舗あたりの売上を最大化すること」で実現できたのだ。

僕が引き継ぐ前の客単価のおよそ１・５倍を実現できたのは、スタッフの人たちの努力のおかげだった。自分たちで考えた新メニューを導入したり、自分たちで工夫しながらちょっと高いメニューをおすすめするといったことが、自然にできるようになっていたのだ……。

愛の反対は無関心　ついてこられない人にも愛を

「ほぐしのGOO」では、りらくるではできなかった「**愛情経営**」にチャレンジしてみました。**その真髄は僕の師匠が教えてくれた「目立たない人にスポットを当てること**。スタッフ一人一人に愛情を注ぐ経営手法です。

実は、以前の僕は自分がセミナー講師をやるときも、講義についてこられない人、自分から質問しない人は放っていました。そのアーカイブ映像を見た師匠に「タケちゃん、発言していない人の意見は拾わないの？」と言われ、「愛の反対は無関心だよ。タケちゃんの愛が伝わらないと、タケちゃんは愛される講師になれないよ」と教えられたのです。

自分では立派なセミナーができていると思っていたのでこの指摘はショックでしたが、それからは「ついていけてない人は個別にＬＩＮＥしてください」と伝えるようにすると、怒涛のようにたくさんの参加者からＬＩＮＥが届くようになりました。

みんな「こんなことを今更聞いたら恥ずかしいかな」「場違いかな」と遠慮していたのです。それらのＬＩＮＥに一つ一つ丁寧に返信し、セミナーでは彼ら・彼女らの発言を応援していきました。

その結果、セミナー参加者がお互いをサポートする空気が生まれ、セミナー全体が活気づいたのです。私はそれまで発言しない人を無視していたことを、改めて深く反省しました。

失敗から学んだこと

✓「**愛」の反対は「無関心」**

✓**発言しない人を無視することは、トップダウンと同じ**

愛のないアドバイスは誰も聞かない

りらくるを卒業後、僕はその体験をまとめた本（『無名の男がたった7年で270億円手に入れた物語』〈扶桑社〉）を出版した。同時に、後述するYouTubeチャンネルがバズったことで講演会や経営コンサルタントの依頼が急増した。

コンサル依頼は毎週3〜4件あり、そのうち1件くらいを引き受けていた。講演会の依頼も数えきれないほどきたが、多忙を理由にすべて秘書に頼んで断ってもらっていた。

そんな目の回るような日々の中で、あるとき僕は意気揚々と師匠に報告にいった。お金だけでなく名声まで手に入れた僕は、すべてを手に入れたようなものだと思っていたのだ。師匠に会って開口一番、SNSの世界でも先行するライバルや有名人を蹴散らして頂点を取ります！と宣言した。

ところが、師匠の表情は曇っていた。僕はてっきり、弟子である僕の成長と成功を喜んでくれるものだと思っていた。経営コンサルタントや講演会の依頼が押し寄せている話もした。たくさんの人が僕の話を聞きたいと言っているのだ。師匠も誇らしく思ってくれるはずだった。

だが、やはり師匠の顔は晴れなかった。きっと喜んでくれると思ったのに、当てが外れた僕はだんだん腹が立ってきた。そして、師匠は弟子である僕の成功に嫉妬しているのかもしれない、と考えた。

何か言いたげな師匠を振り切り、挨拶もそこそこに師匠の家を出た。もう僕は嫉妬されるほど成長したのだから、師匠から学ぶべきことなんて何もない、そんなことまで思っていたのだ……。

ところが、せっかく引き受けた講演会や経営コンサルタントの評判は、正直なところあまり良くなかった。

たとえば、一度講演会に呼ばれても、二度同じところに呼ばれることはほとんどなかった。また、せっかく経営コンサルタントの契約を結んでも、わずか1～2ヶ月でやめる人がたくさんいたのだ。

僕はそれらを、「講演会は一度聞けば十分だからだろう」「経営コンサルの契約が終了になったのは、課題が解決されて僕に聞くことがなくなったからだろう」と思っていた。

ところが、ある機会に僕の経営コンサルタントを契約していた経営者と話をする機会があった。少々お酒が入っていたこともあったせいか、彼は正直に話してくれた。


「いや〜、竹之内さんのコンサル怖いんだもん。『あなたの間違っているところはコレとコレとコレ。ここところをこういうふうに変えれば、売上は上がります。何か質問は？』みたいな感じで、**言ってることは正しいいし、効果もあるんだけど、正直、毎月顔を見るのがつらくなってきちゃってさ……**」


この話を聞いて、僕はショックを受けた。経営コンサルタントの役目は、経営者の課題を解決すること、それ以外にないと思っていたからだ。そのために問題点を率直に指摘し、改善方法もしっかり伝えてきたつもりだった。

そして講演会でも、淡々と事実に基づいて聞く人の役に立つと思われる話をしていた。

しかし、それも**好意的には受け止められていなかった**のだろう。僕は少し途方に暮れ、師匠の顔を思い出していた……。

愛が足りない

このときの僕の問題点を一言で表現すると、ずばり「愛が足りない」ということです。まあ、それに気づくには第4章の「ガーシーさん事件」を経験する必要があるのですが……。

失敗から学んだこと

- ✓ **「愛」のないアドバイスは反発を受ける**
- ✓ **「愛」のない講演は人の心を動かさない**

第4章

名声とは、嘘とは、何か

―『令和の虎』と「ガーシーさん事件」からの学び―

注目と反感は比例する

僕が本格的にビジネスに復帰してから取り組んだビジネスの一つに、『ＨＯＧＵＧＵ』というマッサージを施術する側と施術される側を結びつけるマッチングアプリがある。

このアプリで今いる場所の近くを検索すると、周辺にいるセラピストさんがヒットする。金額や施術内容が希望とマッチすれば、出張してきてくれるサービスだ。イメージとしては、飲食店からさまざまな料理を宅配してくれる出前サービスアプリのマッサージ版だと思えばいいだろう。

僕が出資してサービスがスタートして以降、順調に規模を拡大し、現在は北海道から沖縄県にまで全国展開している。そして、このアプリが話題になった頃、ＹｏｕＴｕｂｅチャンネル『令和の虎』で『ＨＯＧＵＧＵ』と似たようなアプリをプレゼンテーションした出演者がいたのだ。

ここで改めて、令和の虎について紹介しておこう。元ネタになっているのは2001年10月から2004年3月まで日本テレビで放送された『マネーの虎』と呼ばれるリアリティ番組だ。当時の有名実業家がレギュラー出演し、起業を志望する人たちがビジネスプランを彼らの前でプレゼンテーションするという内容だった。

番組が最も盛り上がるのは、「虎」と呼ばれる有名実業家たちがビジネスプランに投資するかどうかをジャッジする場面。司会の俳優・吉田栄作さんによる「ノーマネーでフィニッシュです（誰からも投資されませんでした）」という名セリフを覚えている人もいるかもしれない。

そして、令和の虎はマネーの虎のレギュラー出演者だった岩井良明氏が主催するYouTube番組だ。基本的なフォーマットはマネーの虎と同様で、さまざまな実業家がレギュラー出演し、起業志望者にビジネスプランを説明してもらう。

そして番組内で「虎」と呼ばれる実業家たちは、マネーの虎のように起業家のビジネスプランについて検討し、有望だと思えば投資する。2018年に始まったこの番組は大変な話題を呼び、2024年2月現在でチャンネル登録者数は112万人に及んでいる。

話を戻すと、実際に番組内では「HOGUGUがライバルです」という発言もあったというから、ますます興味が湧いた。そして実際に令和の虎を見て感じたのは、「これは僕が出るべき番組だ」ということだった。

さっそく番組宛にメールを送ったが、返事がなかったのでYouTubeのコメント欄でコメントしてみた。すると今度は連絡があり、岩井社長と話をすることができた。その場で出演者としての採用が決まり、収録日を連絡される……という流れだった。まだ令和の虎のチャンネル登録者数が5万人くらいの頃だったと思う。

番組の出演について、特に師匠に相談はしなかった。**この頃の僕はビジネスに本格的に復帰してから始めた10以上のビジネスのほとんどが軌道に乗り、調子に乗っていた。**だから、**「そろそろ『愛』について学び始めなければね」という師匠の言葉も、すっかり忘れていたのだ……。**

『令和の虎』初出演

僕が令和の虎に初出演したのは、2021年2月のことでした。『竹之内社長初登場！　條社長の炎上について【楽屋トーク vol.13】』というタイトルで今でも見ることができますが、新型コロナの真っ最中なので、みんなマスクをしているのが何だか不思議な感じです。

失敗から学んだこと

✓ 順調なときほど人は方向性を見誤る

数字は人を惑わす魅力的な魔物

2021年に『令和の虎』の出演が決まったとき、僕はこれが放送されれば自分の認知度が相当上がると考えた。

そこで、令和の虎で収録された番組が放送される前に、自分の運営するチャンネル『竹之内社長の非常識な成功法則（現在のチャンネル名は『竹之内社長の【波乱万丈】』）』を立ち上げ、3つほどオリジナルの自己紹介的な動画をアップした。

予想通り、令和の虎に出演した番組が放送されたあと、僕の認知度は急速に高まり、SNSでの人気もそれにつれて急上昇した。一年後には一瞬、自分の運営するチャンネル登録者数が令和の虎のチャンネル登録者数を上回るほどにまでなった。

当時はライブ配信を1回するだけで、30万円くらいの投げ銭が入ることもあった。またチャンネル登録者数４００万人超え（２０２４年2月現在）の有名ユーチューバーグループ【ＲｅｐｅｚｅｎＦｏｘｘ】のメンバーであるＤＪ社長さんから連絡があり、彼が令和の虎に出演する橋渡しを務めたりもした。

さらに、こちらもチャンネル登録者数１７０万人超え（２０２４年2月現在）の有名ユーチューバーであるラファエルさんから連絡があり、彼も令和の虎に紹介した。もちろん、2人には僕の運営するＹｏｕＴｕｂｅ番組にも出演してもらった。

当時、最も勢いのあった2人の出演によって、僕の運営するYouTubeチャンネルの登録者数は10万人から30万人と3倍になった。

同時に、令和の虎のチャンネル登録者数もこの頃から急速に増え始めていった。

そして、**当時の僕はそれらの結果を「自分の功績」だと自惚れていたのだ……。**

ＹｏｕＴｕｂｅチャンネルを１００万人に！

この頃の僕は、とにかくＹｏｕＴｕｂｅチャンネルの登録者数１００万人を超えようと、数字だけを追いかけていました。

アマゾンギフトカードを１回目は１００万円、２回目には３００万円と配って視聴者を買うような企画をしたり、とにかく積極的にＹｏｕＴｕｂｅで数字を持っている有名人と絡もうとしていたのです。

今振り返ってみても、当時の自分の考え方や行動は何かがおかしかった……と思います。

失敗から学んだこと

- ✓ 数字だけを追いかけると大切なものを見失う
- ✓ 損得だけのつながりは一瞬で失われる

人を傷つけて得た数字は、いつか自分自身を傷つける

2021年から令和の虎に出演させてもらったとき、**僕は数字を取ることが何よりも大切だと考えていた。**だから、いつも頭にあったのは「視聴者・主催者・志願者」という優先順位だ。

どういうことかというと、まず番組を見ている視聴者を優先し、視聴者が喜ぶように振る舞っていたということだ。

一方、他の出演者（いわゆる「虎」）の多くは、志願者（ビジネスのプレゼンテーションをする人）を優先し、視聴者が楽しめるかどうかよりも、志願者の提案するビジネス内容についてより深く考えていたように思う。

僕は反対に、志願者のためではなく、視聴者が楽しんだり学べるような質問を心がけていた。

つまり、視聴者が「面白い！」と思ってくれるような質問だ。この発想を持っていたから、自然にお金の出し方も変わっていった。事業に対してネガティブな質問ばかりしておいて、最後に大金をドンと出すような逆転劇を演じることで、視聴者は驚き、楽しんでくれた。

その結果が、僕の『令和の虎』での人気につながっていたと思う。そして、そうすることで令和の虎のチャンネル登録者数が上がれば、主宰の岩井さんのためにもなる、と考えていた。つまり、**当時の僕にとって令和の虎の志願者は、番組を面白くするための素材に過ぎなかった**のだ。

だが、その結果、僕には「冷徹な虎」というあだ名がついた。志願者を始め、主宰の岩井さんや他の虎にも愛をもって接し、周囲からも愛されていた林社長とは違い、僕はまさに一匹狼だった。

また、僕が運営するチャンネルでも、当時の動画には、

「会議では経営者が最初に結論を伝え、それで押し通せ」
「社員に慕われたいと思ったら貧乏確定」
「幹部社員を育てようとする経営者は無能」
「〇〇にダメ出し」

「〇〇をぶった斬る」

といったタイトルが並んでいた。

さらに、当時はユーチューバーのヒカルさんがお笑い芸人の宮迫さんと組んで出店した『牛宮城』という焼肉店の経営が不振であることを取り上げて、「ヒカルさんは経営者じゃない」という発言をしたりもした。

また、メンタリストＤａｉＧｏさんについても、彼が話している内容は海外の論文を翻訳したもの……という話をした結果、彼が海外の論文をパクっているというふうに視聴者に受け止められたことがあった。

ホリエモンさんについても、彼が経営者として成功したのはライブドアだけで、あとは会社の株を買って株価をどんどん釣り上げていくマネーゲームをしていただけの人だ、彼に経営のアドバイスを聞いても役に立たない……という話をしたこともある。

これらはいずれも、僕自身としては動画の中でフォローを入れていた。

ヒカルさんに関しては投資家として見れば素晴らしい判断だったと思う、という話でまとめていたし、ＤａｉＧｏさんの話も僕の持論である「優れた先行者に学ぶ・真似ることで成功する」という好例として挙げたものだった。

ホリエモンさんについても、人を引きつけ動かすカリスマ性や時代の流れや人々の気持ちを読み取る力は本当に素晴らしい、という話で終わらせていた。そのような全体の動画から、ごく一部だけを切り取って拡散する「キリトリ動画」が誤解を招き、炎上した面は確かにある。

けれど、本当のところの原因は僕自身にあった。結局いずれも、そのとき話題になっていた人や事件を取り上げることで動画の視聴回数を稼ぎ、自分のＹｏｕＴｕｂｅチャンネルの登録者数を増やそうという考えからの発言だったからだ。

そんなふうに人を傷つけていた僕の姿を師匠が見たら、どう思っただろう。だが、このときの僕は師匠のことなど頭の片隅にもなかったのだ……。

それは人を傷つけてまでやるべきことなのか？

この頃の僕の動画を見ていると、本当に嫌になります。どうして、もっと志願者に愛のある態度が取れなかったのか……。

いくら内容的に正しく、会社経営や個人の仕事に役立つことを伝えていても、**人を傷つける内容では結局、自分自身に跳ね返ってきます。**僕が最終的にガーシーさんの件で大炎上したのは、自分でまいた種だったと思います……。

失敗から学んだこと

- **数字のためになりふり構わない姿勢は、多くの人を傷つける**
- **たくさんの人を傷つけると、いつかその反動に襲われる**

『令和の虎』と『虎ベル』の危うい関係

2022年、『令和の虎』で他の社長たち、つまり「虎」と仲良くなってから僕は自分のYouTubeチャンネルの中で『虎ベル』というバラエティ番組を始めた。虎の社長たちと一緒に文字通り「旅行（トラベル）」に行ったり、居酒屋で飲んだり、麻雀をしたりといった内容だった。

他にも、SNSで数字を持っている人との絡みや買い物企画などにも取り組んだ。徹底的に視聴者の反応を読み取り、チャンネル登録者数という「数字」を上げることに全力を注いでいたのだ。

ひたすら数字を追い求めた『虎ベル』は、どんどん過激な番組になっていった。特に、令和の虎に出演している社長たちと一緒に浴びるように酒を飲む企画はひどかった。下ネタや危ないぶっちゃけ話のオンパレードで、周囲から見れば令和の虎のブランドを壊す危うい暴走に見えたに違いない。

実際、令和の虎に出演する社長たちを心の底から崇拝している人たちからすれば、そんな社長たちの姿は見たくなかっただろう。

だが、僕はそうやって**社長たちが普段とのギャップを見せるほど人の感情を動かし、数字が取れると考えて意に介さなかった**。

令和の虎の主宰である岩井さんなどは心配して、虎ベルの内容の事前チェックに協力してくれたり、アドバイスをくれたりもしていた。岩井さんは、僕のチャンネルの中に「虎の壁」という令和の虎のスピンアウト企画を制作するのにも協力してくれていたほどだから、本当に心配してくれていたのだと思う。

それなのに、当時の僕は止まらなかった。虎ベルによって虎社長たちが有名になれば、令和の虎の視聴者や再生回数も増え、結果的に恩返しができる、みんなハッピーになると、自分勝手に考えていたのだ。

やがて、一時期の虎ベルは令和の虎を上回る再生回数を叩き出したりもした。しかし、この結果は僕の力ではなく、主宰者である岩井さんたちがコツコツと築き上げてきた令和の虎というブランドの力だったと思う。そして、出演してくれた林社長をはじめとする虎社長たちの魅力のおかげだった。

実際、心ある人からすれば、**僕がやっていたことは令和の虎というブランドにただ乗りしているだけ**に見えただろう。

そのことに思いが至らなかった僕は、本当に人として未熟だった。そして、気がつけば師匠とはもう1年以上も連絡をとっていなかったのだ……。

ただ乗りの先にあるもの

ここでご紹介した『虎ベル』は、まさに「ガーシーさん事件」の伏線とも言える番組です。

今から思えば、この時期の僕はSNSの数字を上げるためならどんなことでもやってやろうと、完全におかしくなっていました。

このSNSに魂を奪われていた2年弱、僕は師匠とまったく連絡をとっていませんでした。

それは僕のどこかに、後ろめたさがあったからかもしれません。つくづく、もっと周囲の人たちの気持ちを考え、配慮するべきでした。
今でも心から申し訳ないと思っています……。

失敗から学んだこと

- ✓ **まわりの人の忠告に耳を貸さなくなると、いよいよ危うい**
- ✓ **周囲の人を大切にしなければ、みんな離れてしまう**

「ガーシーさん」に仕掛けたいたずら

一時、日本中の注目を集めていた元祖暴露系ユーチューバーの「ガーシーさん」。彼は２０２２年2月14日にＹｏｕＴｕｂｅチャンネル『東谷義和のガーシーch【芸能界の裏側】』を開設し、チャンネル登録者数はあっという間に１００万人を超えた。

そして、同じく２０２２年の参議院選挙に立候補して見事に当選。まさに「時の人」になった彼に関わろうと思ったのは、僕が運営するＹｏｕＴｕｂｅチャンネル登録者数を増やすためだった。彼の暴露を多くの芸能人が恐れ、マスメディアが待ち構えている。そのタイミングであえて彼に絡んでいけば、さらに僕のチャンネルに対する注目を集められると考えたのだ。

そうして僕が仕組んだのが、「ニセの暴露話」をガーシーさんに流すこと。僕が未成年の女性に手を出した、という嘘の情報を彼につかませ、彼が暴露したタイミングでタネ明かしをして、彼のさまざまな暴露情報への信頼性を失わせようとしたのだ。

こんなことを僕が企んだ理由の一つには、もちろん自分のＹｏｕＴｕｂｅチャンネル登録者数を増やしたいということもあったが、僕の知り合いの人たちがみんなガーシーさんの暴露を恐れ、ドバイまで誕生日のお祝いに駆けつけたり、大金を貸したりしているのを見ていて、これはおかしいのではないかと思ったのもある。**当時の僕は、自分を正義の味方だと勘違いしていた。やりたい放題のガーシーさんを懲らしめてやろう、と思い上がっていたのだ。**

さて、実際に知人女性にお願いして、彼女のアカウントを僕が借りて嘘の情報をリークし、ガーシーさんもそれを信じて、実際に暴露寸前のところまで話は進んでいた。その前に、僕は会社のスタッフや周囲の親しい人にはガーシーさんの暴露話が僕の仕込んだニセの暴露話であることを伝えており、準備は万全だった。

ちなみに、このときの「ニセの暴露話」は、まず僕が動画を作成し、そこから音声だけを抜き出してガーシーさんに送ったものだった。そしてガーシーさんが僕が未成年女性に手を出した……という暴露をしたら、最初に作った動画をＹｏｕＴｕｂｅで公開して、「この内容のどこがまずいんでしょうか……？」とタネ明かしをする予定だった。その最初に作った動画とは、次のようなものだった。

（動画に映っているのは、ベッド上で服を着たまま向かい合う僕と女性）

僕「それじゃ……いい？」

女性「……いいですよ」

（動画では女性が本を開いて、僕に見せている）

僕「もっと開いて……」

女性「これでいい……？」

僕「よく見えないから、もっと開いて……？」

女性「え……。恥ずかしい……」

（動画では僕がベッドの上にタオルを敷き、ペットボトルの水をこぼしている）

僕「……びしょびしょだね」

女性「うん……」

僕「すごく濡れてるよ……」

（動画では僕が女性に今回の動画撮影の謝礼金を支払っている）

僕「……5万円でいい？」

女性「いいよ……」

僕「また頼むね……？」

読んでもらえばわかるとおり、音声だけを聞けばかなりいかがわしい雰囲気だ。しかし、動画を見ればバカバカしい悪戯であることはすぐわかっただろう。「すみません、いつから日本では女性に本を開いてもらったり、ベッドに水をこぼすことが犯罪になったんですか？」というガーシーさんの暴露動画に対抗する決め台詞まで、僕は考えていた。

ところが……暴露寸前、ガーシーさんに僕の話がニセの情報だったとバレてしまった。どこから漏れたのかはわからないし、今さら知ろうとも思わない。

当時の僕は**数字だけを追いかけていて、周りがまったく見えていなかったから、知らぬ間に多くの人を傷つけ、敵をたくさん作っていた**と思う。

そして、僕に対するガーシーさんの仕返しが始まった。

ガーシーさんと電話で大喧嘩の結果……

最初にお伝えしておきますが、今の僕はガーシーさんへの悪意がまったくありません。むしろ、僕の目を覚まさせてくれた恩人だと思っています。そして、嘘の情報を流してガーシーさんに恥をかかせようとした当時の自分の行為を、本当に申し訳なく思っています。

今から振り返ると、僕が作った「いたずら動画」も馬鹿げたものでした。もし実際に公開していたら、見た人の多くは面白さよりも不快感を感じたと思います。本当に心から反省しています。

２０２３年６月４日、ガーシーさんはドバイから日本に帰国して逮捕されました。同時に、彼に対する被害届が70件以上も警察に提出されました。さらに２０２３年９月から裁判が始まり、２０２４年３月に懲役３年、執行猶予５年の判決が言い渡されました。おそらく、これからの生活はとても苦労されると思うので、仕事の面でサポートさせて欲しいと本心から思っています。

さて、嘘の暴露話がバレたあと、僕の運営していた「虎ベル」の５０００人を集めたライブ配信でのこと。ガーシーさんが「ニセの情報を送っただろう」「竹之内、電話に出ろ」といったコメントをしていると視聴者からメッセージをもらい、それで僕はいたずらがバレたことを知りました。

ライブ配信が終わったあとにガーシーさんと電話し、当たり前ですが大喧嘩になりました。そこから、僕は彼のターゲットになったのです……。

失敗から学んだこと

- ✓ **誰かを陥れようとすると、結局自分がその穴に落ちる**
- ✓ **どんなことでも、最終的に悪事は明らかになってしまう**

「ガーシーさん」から受けたしっぺ返し

ガーシーさんの周辺に僕と親しい人がいたことから、ガーシーさんの動きはだいたい教えてもらっていた。ガーシーさんと電話で大喧嘩したあと、彼は僕の本物のスキャンダルを暴露しようと会社経営やプライベートについて調べていたようだった。

しかし、もともと僕はその手のスキャンダルや嘘がないように心がけていた。そもそも少しでも面白い内容があれば、すぐにYouTubeでネタとして使っていたので、隠し事らしい隠し事がなかったのだ。

僕の番組の視聴者の中でも、アンチの方たちからさまざまなリークがあったらしいが、いずれも裏の取れないニセモノの情報で使えなかった……と聞いている。

ところが、僕のスキャンダルが見つからないことで、ガーシーさんは攻め方を変えてきた。僕ではなく、僕の知人や親しい人たちの暴露話をチラつかせてきたのだ。

そしてガーシーさんは、（彼が作ったストーリー通りの）スキャンダルをすべて僕が認めた謝罪動画を公開しなければ、知人や親しい人たちの話をこれから3日間連続して暴露すると言ってきた。

僕は悩んだ。彼が作った僕のスキャンダルとは、「ほとんどの事業や投資に失敗しており、実はお金がまったくない」「違法賭博をしている」「反社会的勢力からお金を借りている」「有名人を脅迫し、お金を取ろうとしている」といった内容で、どれもまったく身に覚えのない内容だった。

しかし、それらを認めなければ、僕の知人や親しい人たちのスキャンダルが暴露されてしまう。もちろん僕が確認したところでは、知人も親しい人たちも「そんなことはしていない」と答えてくれていた。

それでも、僕のスキャンダルであれば僕はやっていないと確信できるが、他の人のスキャンダルは、最終的に本人にしかわからない。だから、僕は確信が持てなかった。当時の状況からして、ガーシーさんが暴露すれば世間にはそれを事実として捉える人が大勢いると思われた。

結局のところ、今回のことは僕自身がガーシーさんに仕掛けたいたずらが原因だった。だから、そのことで知人や親しい人に迷惑をかけるわけにはいかない、自分で責任を取るしかない……と覚悟を決めた。

このことは師匠にも相談しなかった。**経営者とは、自分が判断した結果がどうなろうと、最後まで責任を取るものだと僕は思っていた。その習慣や考え方は、もう僕の身に染み付いていたのだ。**

それからガーシーさんとの話し合いになったが、「反社会的勢力と繋がりがある」「反社会的勢力からお金を借りている」といった話だけは絶対に認められない、と伝えた。そもそも、これまでお金には困っていなかったし、事業における借入もすべて銀行をはじめとする正規の金融機関から行っていた。

そして、世の中で取り交わされている一般的な契約書に必ず掲載されている「反社会的勢力の排除に関する条項」を見ればわかる通り、「反社会的勢力との繋がり」はビジネスの世界において致命的だ。あらゆる取引がすべて無条件に破棄され、多額の損害賠償を請求され、今後一切のビジネスを行うことができなくなってしまう。

しかし、ガーシーさんは強硬だった。最初に僕の作った「反社会的勢力とのつながりは一切心当たりがありませんが、それ以外はすべて認めます」という謝罪動画を確認した彼は、「反社会的勢力との関わりも含めて『すべて認める』という動画にしなければ、お前の知人や親しい人の暴露をする」と言ったのだ。

このときの僕の判断は甘かった。ガーシーさんのストーリー通り「すべて認める」という謝罪動画を公開したとしても、さすがに世間の人は内容を信じないだろうと考えていたのだ。

つまり、動画を見た人たちも、きっと竹之内には事情があるに違いない、誰かに脅されているんだな……と思ってくれるだろう、根も葉もないことなのだから誤解は必ず解けるだろう……と思っていたのだ。

こういう甘い見通しで、僕はガーシーさんの筋書き通りの謝罪動画を公開した。その結果は、僕の予想とはまったく異なるものだった。

竹之内の解説

数字を追い続け、敵を増やす

事実はここに書いた通りなのですが、ガーシーさんが悪いのではありません。すべては僕の「思い上がり」や「未熟さ」、周囲の支えてくれていた人たちへの「配慮」や「愛」のなさが原因だったと深く反省しています。

SNSの数字だけを追いかけて、周りの人を傷つけていた僕は、いつの間にか「機会さえあれば叩いてやろう」と待ち構えている人たちをどんどん増やしていたのです。

また、悪い奴を懲らしめるためなら、こちらも悪いこと（嘘のネタをガーシーさんに流す）をしても構わないと考えていた僕は、完全に間違っていました。今の僕は、自分が間違ったことをした結果の正当な報いを受けただけだ、と思っています。

失敗から学んだこと

- ✓ **自分がしたことの責任は自分で取るしかない**
- ✓ **人は痛い目に遭わなければ、目を覚ますことができないもの**

世間は「反社」という言葉に甘くない

2023年1月9日、僕はガーシーさんの筋書き通り、謝罪動画を公開した。この動画に対する世間の反応は、完全に僕の予想を超えていた。SNSでの炎上はもちろんだが、まず銀行との取引ができなくなってしまったのだ。

続いて、僕が株を保有していた複数の投資先の会社から「株式を買い取らせて欲しい。また今後一切、関係を絶たせていただきたい」という申し入れがあった。もちろん僕は事情を説明したが、それでも2つの会社の株式は手放すしかなくなってしまった。

そして、取引のあったいくつかの銀行に呼び出され、事情の説明を求められた。ガーシーさんとの経緯を説明し、さらに自分の個人資産状況などを開示し、銀行側にも僕のこれまでの取引履歴の中に反社会的勢力とのやり取りが一切ないことを確認してもらった。

これらの**手続きには膨大な手間と時間がかかり、僕の社会的信用はゼロにまで落ちた**と言ってよかった。

僕はここまでの状況になったことから、ガーシーさんに「反社会的勢力とのつながりだけは否定させてください」と相談し、ようやくこれを否定する動画だけは出すことを許してもらった。

実は、このエピソードからもわかる通り、ガーシーさんは完全に僕を叩きつぶすつもりではなかったようだ。むしろ、一度地に落ちた僕を手助けし、復活させるところまでが彼のストーリーだったらしい。

それは、ガーシーさん自身が自分についた悪いイメージを払拭するために、落ちぶれた僕を救ったヒーローとしてのイメージをつけたかったためかもしれない。その後も、ガーシーさんの指示で、有名ユーチューバーのＤＪ社長の動画に出たりもした。

だが、多くの人が知っている通り、**僕の評判は回復しなかった。**運営しているＹｏｕＴｕｂｅのチャンネル登録者数は毎月1万人ずつ減っていった。動画の視聴回数も10分の1程度に落ち込み、あれほど殺到していた経営コンサルタントとしての依頼も月に一件あるかないかという状況になっていた……。

スキャンダルは簡単にでっちあげられる

ここも事実を並べただけの内容ですが、もしかしたらガーシーさん自身は、決して僕をでたらめな暴露で罠にはめようとしていたわけではなく、自分が指示し、暴露させた内容を事実だと信じていたのかもしれません。

とにかくこの一件で驚いたのは、**根も葉もないスキャンダルであっても、証拠らしきものを簡単にでっちあげることができる**ということでした。しかし、**そんなことを引き起こされるきっかけや下地を作ったのは、紛れもない僕自身だった**のです……。

失敗から学んだこと

- ✓ **反社会的勢力の言葉が出るだけでもビジネスには致命的**
- ✓ **SNSが炎上したのも、それまでの自分の行いが原因**

『令和の虎』、1年間の謹慎

ガーシーさんの暴露以降、YouTubeチャンネル『令和の虎』の僕が登場する動画には批判のコメントが殺到した。僕は大変お世話になり、たくさんの素晴らしい経営者と友人になるきっかけを与えてくれたかけがえのない場所に、とんでもない迷惑をかけてしまったのだ。

僕が令和の虎から外れることは、岩井さんが公開したYouTube動画で知った。当時、令和の虎を守る立場にある主宰の岩井さんが、私を虎から外す（＝番組出演者から外す）判断をしたのは当然のことだと思う。

僕が岩井さんであっても同じ判断をしただろう。

また、僕のチャンネルに令和の虎の社長（虎）たちを招いて企画していた「虎ベル」も終了させた。

社長のなかには、ガーシーさんの暴露以降も僕のチャンネルに出演してくれる意志を伝えてくれた人もいたが、それは結局、その社長にご迷惑がかかると思われたので、僕の方から遠慮させてもらった。

銀行の取引が回復し、本業のビジネスも安定を取り戻したものの、僕の心はどん底だった。ＳＮＳを通じて押し寄せる批判の嵐。何も知らない人が僕について「真相」を伝える動画を次々とアップさせる状況。令和の虎という大切な場所から切り離され、**僕は完全にうつ病のようになっていた。**

もし、師匠にガーシーさんへの悪戯の件を相談していたら、きっと止めてくれただろう。そして、こんな目にも遭わずに済んだに違いない。僕はそんなことを心の中で繰り返しつつ、**後悔に苛まれていた……。**

初心忘るべからずとはまさにこのこと

『令和の虎』に出演させてもらうまで、僕は世間的にほとんど無名の存在だったと思います。もし、この番組に出演させてもらえていなければ、僕は今もほとんど発信力を持たず、ビジネスのさまざまなノウハウを多くの人に届けるなど到底できなかったでしょう。

僕が令和の虎に出ようと思った理由には、番組を通して自分が身につけたさまざまなビジネスのノウハウを志願者や視聴者の方たちに伝え、みんなに豊かになってもらいたい、という思いがありました。

令和の虎は、さまざまな経営者と志願者のやり取りをエンターテイメント化することで、楽しみながら経営者の経験やノウハウを身につけられる素晴らしい番組だと思っています。

だからこそ、**ガーシーさん事件で目を覚ます前の僕は、やはりあの場にふさわしく**

なかった……と思うのです。

失敗から学んだこと

- ✓ **離れることで、その価値を知ることができる**
- ✓ **機会を得た者は、機会を与えられたこと自体に感謝しなければならない**

第5章

本当の幸せとは、何か

―新しい学びと再生の始まり―

怒りや恨みは自分に跳ね返ってくる

ガーシーさん事件が起きた２０２３年1月から2ヶ月ほどの間、僕はガーシーさんを恨み、彼がどうやって僕の流した暴露情報を嘘だと知ったのか調べていた。彼が暴露情報を嘘だと知った方法とその証拠になる情報を手に入れ、ネットで公表して一気に自分の汚名を晴らし、再びＳＮＳの世界で這いあがろうと考えていたのだ。

当時の僕は復讐心に燃え、僕を叩く世の中全体を呪っていた。夜は不安と恐怖で眠れず、発作的に死にたくなることさえあった。あれほど好きだったビジネスでさえ、どうでもいいような気持ちになっていた。

そして２０２３年3月のある日。僕は友人に誘われて六本木で開かれたパーティーに行った。友人は人が変わってしまったような僕のことを心配して、わざわざ誘ってくれたのだろう。

だが、このときの僕にその心遣いを感謝することはできなかったし、パーティーはひたすら居心地が悪いだけだった。

さっさと帰ろうとしたとき、パーティーの主催者が僕に「紹介したい人がいる」と言って引き合わせてくれたのは……なんと師匠だった。

僕がSNSにハマり、令和の虎に出演するようになった2021年から、2年以上も師匠とは音信不通だった。

気恥ずかしさに、僕は師匠の顔をとてもまっすぐ見ることができなかった。だが、師匠は昔と変わらず、優しく微笑みかけてくれた。

「タケちゃん、久しぶり！　君のここ2年間くらいの活躍はよく知っているよ。本当に頑張っているね！」

そして意外なほどの力強さで僕をハグしてくれたのだ。師匠の心の温かさが直接心に伝わってきて、僕は泣きながら師匠をハグし返していた。

「師匠……。聞いてください……」

師匠は優しく笑った。

「もちろん！　それじゃ、私の家でゆっくり話を聞かせてくれる？」

師匠の家につき、温かい紅茶を飲みながら、僕はガーシーさん事件のことを全部話した。そして今、証拠を集めて僕がされたことを公表し、復讐するつもりであることも。

静かに話を聞いていた師匠は、こう言ってくれた。

「タケちゃんはとても頑張ってきたね。自分がした間違いの責任をとり、大切な人たちを守ろうとしたことは本当に立派だよ。それでこそ、私が見込んだタケちゃんだ」

「そんなタケちゃんに参考になるかもしれない動画があるから、一緒に見てみよう。そこのモニターを点けてくれる？」

師匠が手元のリモコンを操作すると、見慣れたＹｏｕＴｕｂｅの画面が開き、検索窓に「サドグル」という言葉が入力された。

やがて画面に映ったのは、長さ20センチくらいはありそうな白いヒゲを生やしたおじいさんだった。

「この人はインドのヨガの行者でね。私も何度か会ったことがあるんだ。各国の首相や大統領、著名人もお忍びで相談に来ている。おそらく今のタケちゃんの役に立つから、まずは彼の言葉に耳を傾けてみよう」

僕はそのおじいさんの言葉を真剣に聞いた。言葉はわからなかったけれど、字幕のおかげで内容は理解できた。それは、次のような話だった。

「人への恨みや怒りは、相手に毒を飲ませようとして、自分で毒を飲んでいるようなもの。恨みや怒りによって相手を倒そうとすれば、結局のところ自分を倒してしまうのだ」

動画が終わると、師匠はこんな話をしてくれた。ある科学実験で、10分間継続して怒ったときの血液成分を調べたところ、実際に人体に有害な成分が検出された、という話だ。

「つまりね、タケちゃん。**怒りが自分にとって有害であることは科学的にも証明されていて、本当に誰かを恨んだり、怒ったりしていると自分を自滅させてしまうんだよ。**いや〜、怖い話だよね！」

師匠は手を広げ、大きく肩をすくめてみせた。

僕も素直に師匠にうなずいた。そして、先ほどの動画と師匠の言葉について深く考え、自分がどうするべきなのかを考えてみた……。

復讐とか暴露なんてもうやめよう！

ようやく師匠に再会できました！　本当にこのとき、師匠がいなければ僕はどうなっていたことか……。少なくとも、こうして本を書いて皆さんにお届けすることは絶対にできていなかったでしょう。

師匠が言いたかったことは、**相手を恨んで復讐しようとすれば、絶対自分に返って**

きてしまう、ということでした。

でも、いきなり「タケちゃん、復讐とか暴露なんてやめておきなよ」と師匠が言っていたら、僕はそのまま復讐の道を突っ走っていたかもしれません。

さすが師匠ですよね。

失敗から学んだこと

- ✓ **誰かへの怒りや恨みは、自分に跳ね返ってくる**
- ✓ **大切なことを伝えるときは、相手が受け取りやすいような形で伝える**

自分が物事の「意味」を決めている

師匠に再会してから1週間後、また僕は師匠に会いにいった。サドグルさんの動画を繰り返し見たり、前回の師匠の話を何度も考えてみたものの、まだ僕には納得しかねるものがあったからだ。やはりガーシーさん事件に対する怒りを抑えることができない……僕は正直に師匠にそんな気持ちを告白した。

「さすがタケちゃん！　自分でじっくり考えて、自分に正直な答えを出せるなんて本当に素晴らしいね。だから、人生におけるすごい秘密を教えてあげるよ。
実は、**この世のすべての出来事には何の意味もないんだ**」

僕は目を丸くした。師匠が言っていることが理解できなかったからだ。

「今の話をもう少し詳しく言うと、**世の中で起きたことやタケちゃんの身に起きたことは、タケちゃん自身がその出来事に『意味』を持たせるまで意味がない**ということなんだ。たとえば、ガーシーさんの事件という出来事そのものに『意味』はない。そこにタケちゃんが『ひどい目に合わされた』という意味を持たせれば、その事件の意味はその通りになる。でも、タケちゃん自身の力で『違う意味』を持たせることもできるんだ」

僕は師匠の言葉を素直に受け止めてみた。何となく、今まで思いもしなかった考えが浮かび上がってきそうな予感がした。

「ま、ゆっくり考えてみてよ。焦る必要はないからね」

師匠はそう言って、いつものように優しく微笑んでくれた。

師匠の教えはユダヤの教えだった

これはあとで師匠に教えてもらったことですが、**これまで師匠が僕に教えてくれていたことは、いずれもユダヤ教徒の家庭で代々伝えられている教えでした。**

正確には、**「タルムード」というユダヤ教の経典に載っているさまざまなエピソードを、各家庭なりに解釈した教え**です。

師匠は「よく『ユダヤの教え』ってひとくくりにされているけど、ユダヤの教えは各家庭によってちょっとずつ違うんだよね」と言っていました。

いわゆるユダヤ人と呼ばれる人たちには、大変な成功者やお金持ちがたくさんいます。たとえばｉＰｈｏｎｅを生み出したスティーブ・ジョブスの育ての親はユダヤ人でした。検索エンジンのＧｏｏｇｌｅを生み出したラリー・ペイジとセルゲリ・ブリン、スターバックスの創業者ハワード・シュルツ、マクドナルドをチェーン展開したレイ・クロックなどもユダヤ人です。

芸術や科学方面の実績も素晴らしく、相対性理論を生み出したアインシュタインや天才画家のピカソもユダヤ人です。
このような人材を生み出してきた秘密が、ユダヤ人の家庭で代々伝えられてきた教育なのだ……と師匠は教えてくれました。

失敗から学んだこと

- ✓ **すべての物事そのものは中立で意味を持っていない**
- ✓ **起きた物事にどんな意味を持たせるかで、人生は大きく変わる**

すべての鍵は愛と感謝にある

師匠に再会してから、僕は毎週のように師匠に会いにいった。ずっと僕に欠けていた「何か」をつかめるような気がしたからだ。

そんな僕を、師匠はいつも温かく迎えてくれた。

「ところでタケちゃん、ビジネスの方はどう？」

僕はその時に抱えていた20種類ほどのビジネスの状況について、師匠に話をした。

「さすがタケちゃんだ！　『人がお金を払う三原則』『人は感情を買っている』といった原則をバッチリ活用してくれているね。そんなタケちゃんに、**さらにビジネスの深いところの話をしてもいいかな？**」

僕はうなずいた。しかし、正直なところ僕は「数字と仕組みでビジネスを回す」ノウハウを極めているつもりだったので、あまり師匠の話には期待していなかった。

「ビジネスで成功するためには、結局のところ『愛と感謝』が必要なんだ。自分の周りの人への愛と、感謝の気持ちを持っている人が、ビジネスでも人生でも成功するんだよ」

僕は意表を突かれた。

正直なところ、これまでの僕には愛とか感謝といった言葉は嘘くさく感じられ、まったく考えてこなかったからだ。

だが、話を終えて微笑む師匠を見ているうちに、僕は気がついた。まさに師匠は、僕が20歳のときに出会ってから、ずっと愛を与えてくれていたのではないだろうか？　そして、こんなにも近くに愛を体現した成功者がいるのに、僕はそれに気づかず、心から感謝することもなかったのではないか……。

「タケちゃん。いつだったか、『愛の反対は無関心』という話をしたね。タケちゃんが周囲の人に無関心であれば、周囲の人は心を開かず、君を愛することはないよ。でも、タケちゃんが相手に関心を持ち、愛を持って接すれば、必ずその愛に応えてくれるんだ」

「愛と感謝をビジネスに取り入れたとき、必ずタケちゃんは満たされる。この上なく、豊かな人生が始まるんだよ」

その一言、一言から師匠の愛を僕は感じていた。僕はこんなにも愛されていたのだ。気がつくと、僕の両目からは涙があふれ出し、師匠の姿がぼやけていた……。

ビジネスに必要な「愛」と「感謝」とは？

僕はこれまでの人生で、「愛」や「感謝」なんてまったく考えていませんでした。ビジネスはひたすらドライに、数字とシステムで回していくものだと思っていたのです。

実際、ビジネスそのものは「愛」や「感謝」といったものがなくてもうまくいくケースはあります。実際に僕が取り組んだ「りらくる」をはじめ、いくつものビジネスで順調に利益は上がっていました。

しかし、そこ（人生やビジネス）に**「愛」や「感謝」という考え方を入れると自分自身の気持ちが豊かに満たされる**、という師匠の教えには頭をガツンとやられた気分でした。僕にはそれまで、どれだけ成功しても物足りない気持ちがあったのです。

YouTubeにしても、いつも視聴数をもっと上げたい、登録者を増やしたいと思っていました。ビジネスも、もっとたくさんのビジネスに取り組みたい、数百億円の売上では物足りない、1000億円以上でなければ物足りないという状態になっていました。

師匠が教えてくれたのは、そういう**向上心はいいことだけれど、愛と感謝がなければ自分の気持ちはどこまでいっても満足することがない**、ということでした。この「愛と感謝」というキーワードは本当に大切です。僕の人生は、この言葉に出会って変わったと言ってもいいでしょう。

だから、ガーシーさんには本当に大きく僕の人生を変えてもらったと思っています。

すべては僕に愛と感謝がなかったから、人に対して攻撃的になり、それが自分に跳ね返ってきただけだったのです。

ＹｏｕＴｕｂｅの視聴回数や登録者数を伸ばすために、人を批判し傷つけるような動画を作っていた僕に、愛と感謝はまったくありませんでした。

「ガーシーさんが僕に対して嘘の暴露をさせた、だから自分は悪くない」のではありません。間違いなく、僕が理不尽な攻撃をガーシーさんにしたことが原因だったのです。彼は、それを身をもってわからせてくれたのだと思っています。

これがガーシーさんへの気持ちが、「怒り・恨み・復讐」から「感謝」へと変わった瞬間でした。

失敗から学んだこと

- ✓ **ビジネスと人生で成功する真髄は「愛と感謝」**
- ✓ **「愛と感謝」の心を持ったとき、すべての出来事はプラスの意味を持つ**

「幸せ」は自分で定義づけるもの

「ガーシーさんへの復讐とか暴露とか……もう、やめます」

再び師匠に会って、すぐにそう言ったとき、師匠はとても喜んでくれた。

「さすがタケちゃんだね！　とてもいい顔をしているよ」

師匠にほめられて、僕はうれしくなった。

「ＳＮＳからも、少し距離を置こうと思います。もう数字だけを追いかけるのはやめます」

師匠は興味深そうな視線を僕に送ってきた。

「……いったい、どうしたのかな？」

僕は自分の心境の変化について、詳しく話をした。

ガーシーさん事件の意味づけが自分の中で変わったこと、ＹｏｕＴｕｂｅの登録者数１００万人を目指していたけれど、それは本当に自分が望んでいたことではなかったのではないか、と思ったことなどだ。

師匠は話を聞いて、ゆっくりうなずいてくれた。

「タケちゃんは間違いなく、次の人生のステージに足を踏み出したね。参考になるかもしれないから、もう一度ユダヤの教えである『幸せは自分で定義づけるもの』という言葉を伝えておくよ」

「以前、『幸せ』と『感情』は違うという話をしたね。勝手に心に浮かび上がってくる感情と違って、幸せを感じるためには『何が自分にとっての幸せなのか』を決める必要があるんだ。

このときに注意しなくちゃいけないのは、**『条件つきの幸せ』を定義するとあまり幸せではなくなる**ということだ」

師匠はニコニコしながら続けた。

「たとえば、『大金持ちになったら幸せ』『結婚したら幸せ』『YouTube登録者数100万人を達成したら幸せ』……幸せにこういう条件をつけると、達成できるまで不幸せだし、達成しても幸せは一瞬で終わってしまう。わかるよね？」

「だから、日々幸せを感じられるように、タケちゃんも自分の幸せを定義づけるといいよ。じっくり考えてみて」

そう言われて、僕は「自分の幸せ」について真剣に考えてみた。すると、答えはすぐに浮かんできた。

「……師匠が教えてくれたことを、日本中の人に教えてあげたいです。そして、その取り組みの中で、**自分自身の成長の過程を楽しむことを『僕の幸せ』として定義づけようと思います**」

師匠は目を丸くした。そして、今までの中でも最高に温かい笑顔を浮かべ、僕に向かって握手するように手を差し伸べてくれた。

「タケちゃん、ありがとう。ぜひ、君の力でたくさんの人を幸せに、豊かにしてあげてほしい。タケちゃんのその想いが私にとって何よりの幸せだよ」

僕はしっかりとうなずいて、師匠の手を握り返した。

「成長の過程」を楽しむことこそが「幸せ」

師匠に「幸せは定義づけるもの」ということを改めて教えてもらうまで、僕は完全に自分の幸せを見失っていました。前にも書いた通り、お金さえあれば幸せかといううと、そんなことはまったくありませんでした。

また高い目標を掲げて、それを目指している間が幸せだったかというと、もちろんそんなことはなかったのです。

たとえば、SNSで炎上するたびに、YouTubeチャンネルの登録者数100万人達成が遠くなった……と不幸せな気持ちになっていました。高い目標を掲げて、そこに達成できない間はずっとイライラし、不満を感じていたのです。ガーシーさん事件についても、ずっと自分は不幸だと思っていました。

ところが、師匠が教えてくれた「ユダヤの教え」を日本中の人に伝えることを人生の目標とし、その取り組みの中で**自分の「成長の過程**（**＝学び**）**」を楽しむことを「幸せ」として定義づけたとき、すべてが変わりました。**

ガーシーさんの事件についても、「誰かに攻撃的なことをしたら自分に返ってくることを学んだ」「あの事件が自分を成長させてくれた」と思い、幸せを感じられるようになったのです。

このことは、ガーシーさん事件でどん底まで落ちていた僕のメンタルが回復した大きな要素です。また、師匠は**「幸せを感じるハードルは低めに設定するのが大切」**とも教えてくれました。僕自身、そうすることでいろいろなものを追い求める自分から解放されました。

毎日ちょっとしたことを学んだり、ためになることを経験したり、これは勉強になったな……と思うたびに、幸せを感じることができるのです。また、たまにSNSで炎上しても、こうすると炎上するんだな、勉強になったな、と感じて幸せになっています。

今、僕はこのようなユダヤの教えを13歳〜18歳の若者向けに伝える教育プログラムを作っています。若いうちからこれらの教えを学ぶことで、間違いなく日本には成功者が増えるでしょう。同時に、**心の豊かな、愛と感謝の心を持った人を増やすことができる**と考えています。**それが僕の使命**だと思っています。

失敗から学んだこと

- ✓ **幸せを定義することで、幸せを感じることができる**
- ✓ **条件つきの幸せを定義すると、一時的にしか幸せになれない**

家族を見つめなおす

こうして、僕は自分が運営するYouTubeチャンネルの活動を大きく変えた。今までのようなチャンネル登録者数を増やすための過激な動画をやめ、見る人の人生に貢献できるような内容に変えた。もちろん、一時に比べれば大きく登録者数は減ったけれど、残ってくれた人の役に立てればそれでいいと考えた。

また、僕がコンサルティングしたり、起業アイデアをジャッジする動画に出演してくれる人たちに対しても、これまでの冷淡すぎたり、数字稼ぎの道具として扱うような態度をやめた。愛を持って、成長を手助けするような接し方をするようにしたのだ。

すると、少しずつ動画に寄せられるコメントに変化があらわれた。あれほど僕を叩くコメント一色だったのに、応援してくれるようなコメントがつくようになってきた。

僕は、そんなうれしい変化について、師匠に報告した。師匠も笑顔で喜んでくれた。

「それは良かった！　本当にタケちゃんは、とても顔が穏やかになったね。私も幸せな気持ちになるよ」

「……ところで、ご家族はお元気？」

不意に師匠にそう尋ねられて、僕は少し顔が曇るのを感じた。なぜなら、ちょうど昨晩、妻とケンカをしていたからだ。

「実は……妻に『他の人には良いことを言っているけど、自分の家庭はうまくいっていないじゃない！』と言われたんです」

僕はポツリポツリと話を続けた。それまで、僕は自分の家庭はうまく行っていると思っていた。家事サービスの人をお願いしているので、妻は家事をしなくていいし、必要なものは何でも買えるようにしていた。でも、そのかわりに僕は仕事に没頭して、妻や子どもたちは寂しい思いをしていたのだ。

「僕としては、これからも『師匠に教わった教えを日本中の人に伝え、豊かで幸せな人を増やす』という新しい目標にエネルギーを使いたいんです。だから、どうすれば良いのか……」

すると、師匠はいたずらっ子のように笑った。

「タケちゃん、真面目すぎ！　**別に目標は一つじゃなくて良いんだよ。新しく『家族を幸せにする』という目標を追加して、それも『幸せの定義』にしてみたら？**」

「え？　目標は複数持っても良いんですか？」

「うーん、まあ2つか、最大で3つかな。それ以上増やすと、エネルギーが分散しすぎて目標を達成するためのパワーが足りなくなるからね」

ウィンクする師匠に驚きつつ、僕はさっそく家族のために新しい目標を立てることにした……。

家族を幸せにする過程を楽しむ

師匠のアドバイスに従って、僕が新たに作った目標と幸せの定義は「**自分の家族を世界一幸せにする。そして、その過程にも自分は幸せを感じるようにする**」というものでした。その結果、ちょっと大変なことになりました。

僕の妻が運動大好きのアウトドア派だったからです。新たに作った目標を伝えると、それならスパルタンレース（世界40カ国で開催されている最大級の障害物レース。5〜20キロ以上のランに加え、20〜30個の障害物を乗り越えてゴールを目指すハードなレース）に一緒に参加して欲しい、と言われました。

僕は最初、面倒だなぁ……と思いましたが、先ほどの目標と幸せの定義のおかげで、「妻が幸せになれるなら僕にとっても幸せだ」と考えることができました。そして実際に参加してみると、意外にレースを楽しむことができました。妻も一緒に時間を過ごしたことを、とても喜んでくれました。今まで僕が無駄な時間だと思っていたことは、実は無駄ではなかったのです。

子どもたちとの付き合いも変わりました。僕の子どもたちは、長女が26歳、次女が20歳、三女と四女がそれぞれ高校生と中学生ですが、彼女たちと過ごす時間や会話がかなり増えました。

特に経営に興味を持っている次女が学生起業し、先輩経営者として一緒に議論できたのは思いがけない幸せでした。それぞれが自分の世界を持ち、それぞれの思いで生きている彼女たちを、これからも応援していくつもりです。

失敗から学んだこと

- ✓ **「目標」と「幸せの定義」は複数持っても良い**
- ✓ **一番身近で、あなたを支えてくれている人を大切にしよう**

愛を与えるほど、愛に満たされる

こうして、僕はガーシーさんの事件から多くを学び、師匠の教えを日本中に伝え、豊かな人を増やすことを目標に活動し始めた。

その結果として作った動画には、「以前と比べて温かくなりましたね」「前はもっと冷たい印象でした」といった感想が寄せられるようになった。

それはおそらく、僕の考え方が変わったことで行動が変わり、それにつれてイメージも変わったからだろう。

「愛って、本当に素晴らしいですね」

僕が不意にそう言ったとき、師匠は何も言わなかった。師匠は、目にいっぱい涙を浮かべていた。

「タケちゃんが、こんなに早くわかってくれるとは思わなかった……」

「人間関係の問題は99％以上、『愛の欠落』から生まれているんだよ。親から愛を十分にもらえなかったと感じていたり、愛が何だかわからないという人が、人間関係やコミュニケーションで必ず問題を起こしてしまうんだ」

僕は師匠の話を聞きながら、ガーシーさんとケンカをしたり、視聴者の人たちから散々叩かれるといったことが起きたのも、僕がコミュニケーションをうまくできていなかった一例だと感じていた。

僕に欠けているのは「愛」であることを、最初から師匠は知っていたのだろう。

でも、ずっと黙って見守ってくれていた。そして、本当に必要なときに、必要なタイミングで、欠けているものを補ってくれたのだ。

そのときのために、ずっと師匠は僕に「素晴らしいね」「頑張っているね」「大好きだよ」という言葉をかけてくれていたのだ。

「師匠、本当に……ありがとうございます」

表情を改めてそう言った僕に、師匠は涙を拭きながらニッコリ笑ってくれた。

うれしいことはさらに続いた。僕の経営コンサルティングの顧客やセミナー受講生たちの空気が、以前とまったく変わったのだ。僕と接触したあらゆる人の、僕への愛を強く感じるようになった。

そして、僕は生まれて初めて、誕生月の12月に5回も「誕生日会」を開いてもらった。それも毎回30人以上が集まる大規模なものだ。

大阪で2回、東京で2回、福岡で1回と開かれた誕生日会は、毎回参加者がさまざまな工夫で僕を驚かせ、喜ばせようとしてくれた。

僕の大好きな麻雀卓の形をしたケーキを用意してくれたり、巨大なケーキの模型の中から僕の妻と参加者有志が飛び出してくるという大がかりな仕掛けまであった。僕は涙が出るほど笑い、最後には感謝のあまり大声で泣いてしまったほどだ。

そして……2024年、ついに『令和の虎』に再び出演することもできた。主宰の岩井さんや林社長、そのほかの虎の社長の皆さんには感謝の言葉しかない。その久しぶりの収録で、僕の態度は以前と大きく変化していた。

そのときの志願者は、ずっとＹｏｕＴｕｂｅでパチスロのノウハウを教え、生計を立てていた人だった。あるとき彼は一気に儲けたいと考え、株やＦＸなどのために動画の視聴者や知り合いから４０００万円のお金を借りたという。

その借金は返せていないが、ＹｏｕＴｕｂｅでもっと成功するために、まずは薄毛をなんとかして見た目を良くしたい……ということだった。

彼は、僕以外の出演者からは「パチスロなんかやっているからダメなんだ」「定職につけ」と頭から否定されていた。しかし、まず僕はパチスロを10年以上やり続けていることを評価した。パチスロの攻略ノウハウをＹｏｕＴｕｂｅで教えているのも職業的に悪いことだとは思わない、と肯定したのだ。

その上で、今のあなたはお金を貸してくれた人たちの気持ちを考えず、自分の見た目だけを良くしたいというふうに見えているよ、と指摘した。これが植毛の権利を手に入れて、転売して借金を少しでも返すという話なら、共感できるけれど、そうではないから、やはり誰も共感できないと伝えた。

そして、僕からは債務整理などについて協力する、一緒に借金返済の計画を立てましょう、という提案をした。

番組収録が終わってから、こんな相手に寄り添うような提案は以前の僕なら考えもしなかったな……と思った。結局のところ、これも志願者への僕なりの愛であり、債権者にも愛を感じてもらえるのではないだろうか。改めて、令和の虎は素晴らしい「学びの場」だと思う。

※この時の収録は『令和の虎』の派生版の『ハゲ版 Tiger Funding』という植毛の権利をプレゼンで勝ち取るという内容のものでした。私もハゲを晒して頑張りました（笑）。

「愛」は「お金」よりも安心を与えてくれる

ここにも書いた通り、ガーシーさん事件を経験した現在、僕に見える世界はまったく変わりました。

今の僕は、**愛を与えれば、愛が返ってくることを心から実感しており、人と人の繋**

がりは本当に素晴らしいものだと思っています。僕には、もし家がなくなったら住まわせてくれると言ってくれる人が何人もいますし、ご飯がなくなったら食べさせてくれるという人も何人もいます。

かつての僕は、お金を持てば安心できると思っていました。しかし、お金というものは使えば必ずなくなっていきます。

一方で、愛はなくなりません。**僕の愛がなくなることはなく、周りからの愛も決してなくならない**のです。

つまり、愛さえ失わなければ、住むところも食べるところも手に入ります。だから僕は、**お金がたくさんあるよりも、むしろ愛があることの方が安心**だと感じています。

また、久しぶりに復帰した令和の虎の事例でご紹介しましたが、どんな人間関係においても頭から相手を否定すれば、間違いなく相手にも否定されます。人はそういう性質を持っているのです。

だからこそ、絶対に相手を否定してはならないと思います。たとえ相手が間違ったことをしていると思っても、まずは「あなたのやっている気持ちはよくわかる」という肯定のフレーズ（師匠が教えてくれた「プリフレーム」）を入れなければ、そもそも相手は話を聞いてくれないのです。

相手の話を聞き、お互いを理解しようとすることは愛の第一歩です。いわば、プリフレームは愛そのものだとも言えるでしょう。

失敗から学んだこと

- ✓ **愛を与えれば、愛が返ってくる**
- ✓ **愛を持つことで相手を肯定し、寄り添った提案ができる**

おわりに

大切なのは「愛」と「感謝」だった

本書をお読みいただき、大変ありがとうございました。本書は僕の失敗の歴史と学びをまとめたものですが、少しでも皆さんのお役に立つところがあれば幸いです。

僕は、これまで出会う人の一人一人に愛情をかけるなんて面倒だし、効率が悪いと思っていました。そんなことをしていたら、手に入るお金も大した額にはならないだろうと考えていたのです。また、適切な対価を払っていれば、いちいち感謝する必要もないと思っていました。

しかし、お金よりも大事なものが愛だということに気づき、愛は決して無くなることがなく、愛によってすべてが手に入ることがわかった今、お金よりも愛の方が断然良いと思っています。

同時に、感謝によってどれだけ深く、多くの人とつながれるかを知ることもできました。

さまざまなビジネスを拡大する上で、「仕組みを大切にする」ことは僕の考えの根本です。しかし、それではうまくいかないビジネスもあります。いわゆる属人的なビジネス、たとえばＹｏｕＴｕｂｅのような僕自身が配信するサービスや教育産業などは、やはり愛が不可欠でした。

また、僕はこれまで一件当たりの単価が大きいビジネスには取り組んできませんでした。安い商品やサービスをたくさんの人に提供するビジネスの方が、「仕組み化」に向いているからです。高い商品やサービスを買ってもらうことは、仕組み化ではなかなかできないものです。そこに信頼できる営業の人、つまり愛のある営業担当者がいなければ、やはり人は大金を払わないのです。営業がうまくいかないという人は、愛について学ぶことで、きっと営業成績は上がるはずです。

ここで、愛のある人柄がビジネスにつながった例をご紹介しましょう。私の知り合いに、介護施設で高齢者の方の歯をクリーニングしたり、ブラッシングの指導をされている歯科医の方がいます。このような仕事を「訪問歯科」と言います。

この方は、もともと普通の歯医者さんでしたが、あるビジネス交流会で人柄を買われ、ある大手介護施設における訪問歯科を依頼されました。そこからさまざまな介護施設を紹介され、現在では70名もの歯科医を雇って、訪問歯科をされています。

ここまで大きなビジネスになったのは、やはり歯科医の方の愛であり、人柄の良さ、介護施設が抱える問題解決に貢献したいという思いがあったからでしょう。このようなビジネスの展開は、僕の「仕組み化」では不可能です。

もともと、この介護歯科の仕事はお金にならず、しかも退屈な仕事だったそうです。そのため、ほとんどの歯科医に断られてしまい、介護施設はとても困っていました。

そんな状況で、僕の知り合いの歯科医の先生が本当に困っている人がいるなら訪問します、というところからこのビジネスの展開は始まったそうです。まさに属人的なビジネスには愛が不可欠な好例と言えるでしょう。

さて……実は、私の師匠は「ユダヤ人」ではありませんが、ユダヤ家庭で育てられた人です。そして、本書で師匠が教えてくれたことは、いずれもユダヤ人家庭で代々、秘伝として受け継がれてきたものでした。現在、私はこの「ユダヤ人の教え」を人々に伝える許しを師匠からいただき、その教育活動に取り組んでいます。

ぜひ多くの方にアマゾンのジェフ・ベゾス、Ｆａｃｅｂｏｏｋのマーク・ザッカーバーグ、映画監督のスティーブン・スピルバーグ、画家のピカソといったユダヤ人の大富豪や偉人を育てたこの教えを学んでいただき、豊かで幸せな人生を手に入れていただきたいと願っています。詳細は巻末をご覧ください。

最後になりましたが、私にたくさんのことを教えてくれた師匠に、改めて心から御礼申し上げます。私がどん底から立ち直ることができたのは、まさにあなたの教えのおかげでした。『令和の虎』の関係者の皆さん、YouTube動画の視聴者の皆さん、僕のセミナー受講生の皆さん、コンサルを受けてくださっている皆さん、一緒にビジネスをしてくれている皆さんや私の秘書にも感謝いたします。皆さんのおかげで、僕は今日も愛に包まれていることを実感しています。

いつも僕を支えてくれる、かけがえのない妻や家族にも心から感謝します。みんなのおかげで、いつも僕は幸せです。本当にありがとう！

本書の内容についてご不明の点、ご質問などがあれば、お気軽にご連絡ください。本書を読んでくださったすべての人が幸せに、豊かになることを心から祈っています。

2024年5月　竹之内　教博

[読者限定！ 特別なご案内]

本書を手に取っていただき、ありがとうございます。この本に書かれている私の経験と、その中で得た学びは、すべてユダヤ人家族に育てられた師匠からの貴重な教えによるものです。彼の指導のもと、私は数々の失敗を乗り越え、成功を手にすることができました。

ユダヤの教えは、単なる知識ではなく、実際の生活や仕事に活かせる具体的な知恵です。それは私の人生を大きく変え、今もなお私を導いてくれています。この教えを共有し、皆さんの人生にも大きな変革をもたらしたいと強く願っています。

そのために、私は沖縄で2泊3日のユダヤ式実践合宿を定期的に開催しております。この合宿では、ユダヤの教えを徹底的に学び、実際の生活にどう活かすかを体験しながら学ぶことができます。毎回定員の20名を超える人気で、合宿を終えた生徒たちからは既に多くの成功者を輩出しております。

講師は私を中心に、既にユダヤを学んで成功者として活躍している複数名が務めています。

美しい沖縄の自然の中で、深い知識と実践を融合させるこの特別な機会を通じて、あなた自身の成長と成功を加速させてみませんか？

この合宿では、以下の内容を予定しています。

- ユダヤの伝統的な学び方「ハブルータ」を体験し、実践するセッション
- 日常の人間関係や問題解決に役立つ具体的なアプローチとテクニックの紹介
- 自己成長と成功のための個別指導とフィードバック
- 美しい沖縄の環境でリフレッシュしながら、深い学びを得るリトリート

この合宿に参加することで、あなたの人生や仕事に対する新たな視点を得るだけでなく、具体的な行動計画を持ち帰ることができます。私が経験したような成功を、あなたにも手にしてほしいのです。

あなたのご参加を心よりお待ちしています。この貴重な機会を通じて、一緒に成長し、成功への道を歩んでいきましょう。

まずは簡単な相談などを以下のQRコードのリンクから受け付けております。

[沖縄実践合宿についての詳細とご相談] ▶▶▶

心から感謝を込めて。

竹之内教博

竹之内教博（たけのうち・ゆきひろ）

1977年生まれ、大阪府出身。
りらくる創業者、株式会社T'sインベストメント会長、「ユダヤファミリーの教え」講師。高校卒業後、大学を4ヶ月で中退し、大阪堺市の美容室で勤務後、31歳の時に『りらく（現りらくる）』をオープン。わずか7年で全国直営600店舗規模にまで拡大し、約270億円で売却。現在もオーナー・経営者として20以上のビジネスを展開しつつ、起業家の支援も行っている。YouTuberとしての活動をきっかけに大炎上し、一度は表舞台から追放されかけたが、「ユダヤファミリーの教え」をきっかけに教育業に目覚め、現在は講師活動を精力的に行っている。2023年、隠し続けてきたハゲをYouTubeで公開し、自己開示が話題を呼んでいる。著書『無名の男がたった7年で270億円手に入れた物語』『いつか起業する君に伝えたい大切な話　成功マインド』（共に扶桑社）がある。

竹《たけ》之《の》内《うち》の失敗《しっぱい》

2024年6月20日　初版第一刷発行

著　者　竹之内　教博
発行者　津嶋　栄
発　行　株式会社日本経営センター（フローラル出版）
〒171-0022
東京都豊島区南池袋1-9-18　GOGOオフィス池袋250号室
TEL：03-6328-3705
FAX：050-3588-1970
注文用メールアドレス：order@floralpublish.com
出版プロデュース：株式会社日本経営センター
印刷・製本：株式会社ティーケー出版印刷

乱丁本・落丁本はお取替えいたします。
ただし、古書店等でご購入したものに関してはお取替えできません。
定価はカバーに表示してあります。

ISBN 978-4-910017-45-7